Melissa Scholten

JuliusTigerHerz

Aufgeben ist keine Option

KLARTEXT

Melissa Scholten

JuliusTigerHerz

Aufgeben ist keine Option

Eine Mutter erzählt
vom Kampf ihres Kindes
gegen den Krebs

Bibliografische Information der Deutschen Nationalbibliothek

Die Deutsche Nationalbibliothek verzeichnet diese Publikation in
der Deutschen Nationalbibliografie; detaillierte bibliografische
Daten sind im Internet über http://dnb.dnb.de abrufbar.

1. Auflage März 2020
Gestaltung, Satz und Layout: Satzzentrale GbR, Marburg
Umschlaggestaltung: Ina Zimmermann
Umschlagabbildung: privat (Foto: Dirk Frohnert)
Druck und Bindung: Wilco B.V., Vanadiumweg 9, 3800 BL Amersfoort (NL)
© Klartext Verlag, Essen 2020
ISBN 978-3-8375-2213-6

KLARTEXT   Jakob Funke Medien Beteiligungs GmbH & Co. KG
Jakob-Funke-Platz 1, 45127 Essen
info@klartext-verlag.de, www.klartext-verlag.de

Inhalt

Vorwort

Wir wünschen uns doch alle ein schönes, glückliches und manchmal auch ein erfolgreiches Leben. Jeder leistet dazu das, was er leisten kann und möchte. So wie man es von seinen Eltern, seiner Familie und seinen Freunden gelernt hat. Harmonie, Glück und Zufriedenheit stehen ganz oben auf der Liste. Und natürlich Gesundheit. Das klappt aber nicht immer. Wenn das Schicksal an deine Tür klopft, ändert sich manchmal dein ganzes Leben. Pläne und Träume platzen binnen Sekunden und nichts, absolut nichts, ist mehr so, wie es einmal war. Es gibt dann zwei Möglichkeiten: entweder du ergibst dich und lässt alles geschehen oder du entscheidest dich nach der ersten Ohnmacht, der Angst und der Frage nach dem „Warum?" fürs Kämpfen. Angriff ist die beste Verteidigung. Es kostet unendlich viel Kraft. Angst und Verzweiflung besuchen dich häufiger als gute Laune, Schlaf und Gelassenheit. Glück – was war das noch mal?

Was dir am Ende aber fast das Herz bricht, ist, dass das eingetretene Schicksal zwar auch dich betrifft, aber ein anderer um sein Leben kämpfen muss. Ein Mensch, der dir mehr bedeutet als dein eigenes Leben.

Wie entscheidest du dich, wenn du weißt, dass das Leben deines Kindes bedroht ist und du für den wichtigsten Menschen in deinem Leben Entscheidungen treffen musst, die du eigentlich nicht treffen möchtest?

Du musst; ob du willst oder nicht. Du musst Entscheidungen treffen, auch wenn du weißt, dass alle Wege zum Tode deines Kindes führen könnten.

Mein Name ist Melissa. Ich bin gelernte Krankenschwester, Rettungsassistentin und Brandmeisterin. Ich war, nein, ich bin Mama von einem außergewöhnlichen, kleinen, tapferen und starken Menschen: meinem Sohn Julius, ... ach nee, Tiger. Man ey!

Ich möchte euch erzählen, wie er mein Leben verändert hat. Wie er mein Leben gerettet hat. Wie lebenslustig er war und wie dickköpfig. Ich erzähle euch auch, wie der Krebs in unsere kleine heile Welt trat und binnen Sekunden unser Leben auf den Kopf stellte. Ich erzähle euch von meiner großen Angst, meiner Verzweiflung und meiner unendlichen Wut. Aber auch von vielen schönen Momenten und Erinnerungen. Ich lasse euch an einem schweren und harten Weg teilhaben, geprägt von einer Achterbahnfahrt aus ständiger Angst und Hoffnung. Ich erkläre, warum kämpfen und auch loslassen wichtig sein kann. Dass das Handeln nach dem eigenen Bauchgefühl lebenszeitverlängernd sein kann. Dass es helfen und befreiend sein kann, sich eine Glatze zu rasieren.

Ich erzähle euch von der Entstehung des Tigerteams und vom Crazy Cosmos. Warum ein Löwenzahn bzw. die Pusteblume auch heute noch so wichtig für mich/uns ist. Warum ich oft rot sehe, dies aber ein unglaublich schöner und herzergreifender Zustand ist. Dass Pläne machen wichtig sein kann, es aber nicht schlimm ist, wenn Pläne scheitern. Und davon, dass es am Ende ganz anders kommen kann, als man selber gedacht hat, aber dass auch das schön sein und sich gut anfühlen kann.

Dieses Buch ist für *dich*! Julius, Tiger ... mein allerbester Freund, kleiner Köttel, Dickkopf, Kratzbürste, Feuerwehrmann, Lokführer, Zeppelin, rote Diesellok, ICE mit zwei Waggons, Legofan und Pizzaliebhaber.

Man ey, ich lieb dich so!

TEIL 1

TEIL 1

Tag 438 + 25: Mein Deal mit Katrin

Jeder Tag ist irgendwie anstrengend. Obwohl ich immer nur das mache, worauf ich Bock habe. Alle Termine sollen eigentlich dazu beitragen, dass ich mich gut fühle oder dass es mir besser geht. Termine mit der Familie oder Treffen mit Freunden. Ein leckeres Eis genießen, abends gemütlich essen gehen oder mal ganz entspannt shoppen. Aber wie kann es einem gut gehen, wenn das eigene Kind vor 25 Tagen verstorben ist? Eigentlich unmöglich! Meine Welt steht noch still, Normalität ist nicht in Sicht und kann auch eigentlich niemals eintreten. Mein einziges Kind ist tot. Es kommt nie mehr wieder. Der Gedanke, dass ich Julius nie wieder berühren kann, schnürt mir die Luft ab, verursacht einen Druck in meiner Brust, dass ich das Gefühl habe, ich müsste mich gleich übergeben. Wie kann ich ohne meinen Tiger weiter leben? Geht das überhaupt? Wie schaffen andere das?

Ich bin mit Katrin verabredet. Katrin ist Journalistin bei unserer lokalen Tageszeitung, der WAZ. Ich treffe sie im Heiligenhauser Szene-Bistro „Kniffte". Geplant ist ein lockeres Kaffeetrinken. Katrin hat im Sommer 2018 einen sehr schönen Artikel über uns, das Tigerteam, geschrieben. Der Artikel in der WAZ war so groß, dass sich Katrin ein Sonderformat genehmigen lassen musste. Er lief erst regional, dann überregional. Die Besucherzahlen auf unserem Blog schossen am Tag der Veröffentlichung in die Höhe. Wir hatten fast 10.000 Besucher, und mein Handy stand nicht mehr still. Seit der Veröffentlichung dieses Artikels war die WAZ-Redaktion einer unserer vielen Blog-Abonnenten und immer treuer Leser und Begleiter. Katrin und ich blieben nach Erscheinen des Artikels auch weiter freundschaftlich in Kontakt.

Sie hat uns noch einige Events ermöglicht, wie z. B. einen Besuch bei McDonald's in Velbert. Dort durfte der Tiger seinen eigenen Burger kreieren. Außerdem konnten wir mit den Kollegen der WAZ aus Oberhausen ins Legoland Discovery Center und trafen dort den Weihnachtsmann. Am 3. Oktober 2018 waren wir beim Maus-Türöffner-Tag auf der Zeche Zollverein und hatten dort eine persönliche Begleitung und Führung, die nicht jeder bekommt. Besonders freute sich Julius auch über das Meet and Greet mit „Shaun das Schaf". Julius war damals noch recht fit bzw. es waren mit dem Rollstuhl noch viele Unternehmungen möglich.

Katrins letzter Artikel über uns verkündete Julius' Reiseantritt in den Himmel mit seinem ICE.

Wir hatten uns lange nicht mehr gesehen. Katrins Termine, Julius' schlechter Allgemeinzustand und der spätere Hospizaufenthalt ließen das leider nicht mehr zu.

Aber an diesem Tag, Tag 438 + 25, stand sie als fester Termin in meinem Kalender.

Katrin ist eine lebenslustige und selbstbewusste Frau. Ihr Lachen ist ansteckend, sodass man automatisch gute Laune bekommt, wenn man sich mit ihr unterhält. Sie hat vor fünf Jahren ihre Mama an Krebs verloren und ist jetzt in meiner Trauerzeit quasi so etwas wie eine Verbündete. Ich bekomme von anderen so viele Tipps und Empfehlungen, was man in Sachen Trauer machen sollte, obwohl die Tippgeber meist selber nie in einer ähnlichen Situation waren. Manchmal ist das echt anstrengend. Aber mit Betroffenen wie Katrin zu sprechen, die ebenfalls Trauer erlebt haben, ist etwas völlig anderes.

Katrin und ich haben entspannt darauflos gequatscht. Wobei sie mir nicht die typische Frage gestellt hat: „Wie geht es dir?" Die mag ich nie beantworten, weil ich das auch nicht immer kann. Wie geht es einem Menschen, der sein Kind verloren hat? Will jemand die Antwort wirklich hören? „Beschissen" reicht da leider nicht aus.

Zwischen meinem doppelten Espresso und ihrer Lachsschnitte kam es dann einfach aus ihr heraus: „Melissa, du solltest ein Buch schreiben". Ich antwortete ihr umgehend: „Du bist nicht die Erste, die mir das sagt. Aber ich hab doch unseren Blog. Und ich hab's nicht so mit dem Deutschen und dem Schreiben."

Doch Katrin entgegnete mir: „Ja, dann doch erst recht. Melissa, ihr habt mit eurer Geschichte so viele Menschen mitgenommen und berührt. Am Tag, als die Meldung von Julius' Reiseantritt bei uns online ging, hatten wir so viele Klicks und Besucher wie noch nie zuvor."

Ich war total baff. Unser Blog war natürlich immer gut besucht, wenn unsere Geschichte irgendwo in den Medien zu sehen war. Zwei Tage nach Julius' Tod hatten wir 40.000 Blogbesucher. Das war bis jetzt absoluter Rekord.

Katrin war wie gesagt nicht die Erste, die meinte, ich solle ein Buch schreiben. Ich hab das zuvor aber einfach immer abgetan. Wer will das schon lesen, hab ich immer gedacht. In den letzten Monaten häuften sich allerdings die E-Mails und Nachrichten. Darunter waren viele nette Menschen, die unsere Geschichte beeindruckt hat. Menschen, die ich noch nie getroffen habe, aber die sich bei mir bedanken, weil wir ihnen die Augen geöffnet haben. Das macht mich oft sprachlos. Ich saß in unserer Wohnung und tippte ein paar Sachen in unseren Blog. Wie viele Menschen ich damit erreichte, war mir jedoch nicht klar. Ich saß ja mit dem Tiger alleine zu Hause in der Tigerhöhle. Nur er, ich und die Kratzbürste Ruby.

Den Blog habe ich geschaffen, als der Krebs ein drittes Mal unser Leben auf den Kopf stellte. An diesem Tag stand auch fest, dass mein kleiner Kämpfer den Kampf dann doch verlieren wird. Die Nachricht teilte ich mit Freunden, und binnen weniger Minuten stand mein Handy nicht mehr still. Alle waren traurig, schockiert und entsetzt. Wir hatten doch so lange gekämpft. Ich war aber nicht in der Lage, diese Menschen in jenem Moment zu beruhigen oder aufzufangen. Ich war selber nicht zurechnungsfähig und voller Schmerz und Trauer.

Aber so viele Menschen hatten uns in drei Jahren die Daumen gedrückt, mit uns gelitten und gekämpft. Ich wollte niemanden abweisen. Wie konnte ich allen gerecht werden und darüber informieren, wie es uns geht, ohne aber ständig E-Mails, Nachrichten und Anrufe beantworten zu müssen? Unsere gemeinsame Zeit war schließlich so kostbar. Deswegen erschuf ich unseren Blog **JuliusTigerHerz***. Dort schrieb ich, wie es uns ging und was wir noch alles unternehmen wollten bzw. mit der gemeinsamen Zeit, die uns noch blieb, so vorhatten.

Aber ein Buch? Das ist doch etwas völlig anderes. Ich habe hin und her überlegt. Katrin ermutigte mich weiter: „Das ist überhaupt kein Ding, das ist ganz einfach. So wie ich dich kenne, könntest du das Buch in einer Woche fertig haben, so viel, wie du zu erzählen hast."

Doch das bedeutete auch, dass ich noch einmal durch alles durchmusste. Zwei Tage bereiteten mir sofort Herzklopfen. Der 29. Mai 2015 und der 11. Mai 2019. Das würde so richtig wehtun und würde niemals ohne Tränen, Herzklopfen und das Aufwühlen von weggesperrten Ängsten vonstatten gehen. Aber gleichzeitig dachte ich auch daran, dass ich viele tolle Erinnerungen, Momente und Erlebnisse hervorholen könnte, die mir neben den ganzen Tränen ein Lächeln hervorlocken würden. So viele tolle Momente, die ich in den letzten sehr schweren Wochen irgendwie vergessen hatte. Ich würde in meinen Gedanken, Erzählungen und beim Schreiben

---

* Der Blog existiert in dieser Form nicht mehr. Aus ihm ist die Homepage hervorgegangen: www.JuliusTigerHerz.de

einem Kind begegnen, das viel durchmachen musste, aber niemals aufgegeben hat, und auf das ich so unendlich stolz war und es auch immer noch bin.

Ein Vermächtnis für meinen Tiger, wie geil ist das denn? Also sagte ich vorsichtig: „Der Tiger würde das so machen ...“

Ich hob meine Hand und ballte sie zu einer Faust ... „Deal, Katrin.“

Katrin hob ihre Faust, drückte sie gegen meine: „Deal, Melissa.“

Genetischer Kampfgeist

Man sagt so leicht „Ich kann das nicht". Aber manchmal hat man einfach keine Wahl. Man muss – ob man will oder nicht. Ich kann kämpfen, weil ich es so oft musste.

Zum ersten Mal nach der Trennung meiner Eltern. Ich war damals erst 16. Die Trennung hat mich damals emotional so mitgenommen, dass ich in die Anorexie und später in die Bulimie rutschte. Mein völlig falsches Selbstbild zu beseitigen, die Essstörung zu bekämpfen und mich selber lieben zu lernen, so wie ich bin, hat mich in jungen Jahren viel Kraft gekostet. Der Weg war anfänglich voll von Rückschlägen und Selbstzweifeln. Ich habe gelernt, meine Dämonen zu bekämpfen, mich zu mögen und zu meinem Körper und meinem Charakter zu stehen. Auch wenn es heute immer noch Momente gibt, mit denen ich zu kämpfen habe. Mit Anfang 20 hatte ich meinen ersten großen Kampf gewonnen. Wer hinfällt, muss auch wieder aufstehen, sonst gibt es keinen Sieg. Dass noch so viele harte Kämpfe auf mich warteten, ahnte ich nicht. Nicht mit Anfang 20 und erst recht nicht nach der Geburt unseres wundervollen Kindes.

Als junge Frau waren Kinder so gar nicht mein Thema. Es gibt ja Leute, die ein echtes Händchen für kleine Menschen haben. Dass ich irgendwann eine Familie wollte, stand zwar auf meiner Liste, aber irgendwo ganz unten. Der Weg meines beruflichen Werdegangs war anstrengend und teilweise sehr hart. Kinder mussten einfach warten.

Zuerst stand meine Ausbildung zur Krankenschwester an erster Stelle. Das Geld war knapp, jede Mark, später jeder Euro, wurde mehrfach umgedreht, damit es immer irgendwie passte. Nach bestandenem Examen im September 2002 beschloss ich, nie wieder eine Prüfung zu machen. Ich war müde vom Lernen, ein paar Kilo leichter und mit den Nerven am Ende. Doch es dauerte nicht lange, bis ich meinen Vorsatz über Bord warf und die Entscheidung traf, vom Krankenhaus zum Rettungsdienst zu wechseln. Das war eine Herausforderung, die ich unbedingt bewältigen wollte, aber auch eine Entscheidung mit erhöhtem Risiko. Ich musste meinen sicheren Job kündigen, um die Ausbildung zur Rettungsassistentin in Vollzeit absolvieren zu können. Dazu kam noch, dass die Ausbildung richtig viel Geld kostete. Dafür hatte ich bereits zwölf Monate zuvor angefangen zu sparen. Wäre das schiefgegangen, hätte ich kein Arbeitslosengeld bekommen, weil ich meinen Job selbst gekündigt hatte. Ich lernte in jeder freien Minute. Im Kino, auf der Toilette und bei jeder Familienfeier hatte ich meine Lernkarten dabei.

Ich bestand im Oktober 2004 meine Prüfung zur Rettungsassistentin mit der Note 2 und startete im November desselben Jahres mein Praktikum auf dem Rettungswagen bei der Feuerwehr Erkrath, denn zusätzlich zur Prüfung musste ich 1600 Stunden im Rettungsdienst absolvieren.

Im Sommer hatte der Feuerwehrchef von Erkrath mir die Möglichkeit gegeben, 24 Stunden auf einem Rettungswagen zu hospitieren, als ich mich damals für die Praktikumsstelle beworben hatte. Oder vielmehr wollte der Chef vielleicht auch einfach wissen, wie ich mich dort so anstellte und mir auf die Finger schauen, da ich vorher nie auf einem Rettungswagen mitgefahren war. Diese Schicht hat sehr viel Spaß gemacht, obwohl wir bei großer Hitze viel unterwegs waren. Mein Bauch sagte mir, dass es das ist, was ich will und was ich kann.

Umso schöner, dass ich vom Feuerwehrchef nur einen Tag später einen Anruf mit der Zusage für die Praktikumsstelle bekam. Mein Herz tanzte. Ja, es war genau das, was ich wollte.

Die Arbeit war stressig, aber machte mir riesigen Spaß. Da der Rettungswagen oft zusammen mit der Feuerwehr ausrückte, bekam ich zusätzlich einen Einblick in die Tätigkeiten dieser Kollegen. Auch das faszinierte mich total.

Nach ein paar Monaten, in denen ich mit viel Begeisterung im Rettungsdienst tätig war, fragte ich den Chef, wie groß meine Chancen auf eine feste Anstellung wären. Er sah mich mit einem Lächeln an und machte mir einen anderen Vorschlag: „Wie wäre es, wenn du statt einer roten Hose eine blaue Hose trägst?" Das Rettungsdienstpersonal in Erkrath trägt im Dienst rote Einsatzhosen und die Feuerwehrkollegen blaue Hosen. Der Chef sprach weiter: „Wir suchen ab nächstem Jahr Auszubildende für den Feuerwehrdienst. Du solltest dich lieber darauf bewerben." Mein Herz klopfte wild. Das war einfach nur totaler Wahnsinn. Er ermutigte mich: „Du machst einen guten Job im Rettungsdienst und ich denke, dass du das Potential für den Feuerwehrdienst hast."

Von da an lief irgendwie alles nach Plan. Ich schrieb eine Bewerbung für einen Ausbildungsplatz als Brandmeisterin bei der Feuerwehr Erkrath. Ich trainierte täglich für diesen Einstellungstest. Nebenbei fuhr ich weiter meine Stunden auf dem Rettungswagen. Nach positivem Einstellungstest und Bewerbungsgespräch im Mai 2005 begann ich im Juli meine Ausbildung in Düsseldorf an der Feuerwehrschule. Ich war die erste weibliche Auszubildende der Feuerwehr Erkrath. Das klingt toll, beinhaltete aber einen steinigen Weg während meiner Ausbildungszeit. Nicht jeder Kollege und Ausbilder war damit einverstanden, dass ich als Frau den gleichen Job machen wollte wie die Männer. Es hat mich viel Kraft gekostet. Körperlich wie emotional. Gefühlt stand ich als einzige Frau oft im Fokus. Unter einem Haufen Männer fiel man einfach auf. Ich liebte Herausforderungen, und auch diese wollte ich – komme, was wolle – bewältigen. Der Gegenwind war zwar zum Teil echt heftig, aber ich beschloss (solange ich jede Prüfung bestand und keiner meiner Stammausbilder oder meiner heimischen Wache auf mich zukommen würde, um mir von einer Weiterarbeit abzuraten), dass ich einfach weitermachen würde. Ich meisterte jede einzelne Prüfung, jede Klausur und jeden Test. Am 15. Dezember 2006 hatte ich es geschafft. Ich bestand meine Abschlussprüfung und war die erste Feuerwehrfrau in Erkrath. 2008 wechselte ich jedoch von der Feuerwehr Erkrath zur Feuerwehr Ratingen, weil ich in Erkrath leider immer noch „nur" als Auszubildende angesehen wurde und das Arbeitsklima sowie mein Wohlbefinden darunter litten. Auch in Ratingen war ich die erste hauptamtliche Brandmeisterin, wurde aber trotzdem von Beginn an gut aufgenommen und vor allem von allen akzeptiert.

Also war das Thema Kinder lange Zeit eben kein Thema. Wobei ich den Mann für dieses Vorhaben schon lange an meiner Seite hatte: Daniel, meine erste große Liebe. Im Frühjahr 2000 verliebten wir uns. 2005 zogen wir dann endlich zusammen. Geheiratet haben wir aber erst 2008, weil immer wieder eine Ausbildung von ihm oder von mir dazwischenkam.

Bis dahin lief alles nach Plan. Zumindest aus meiner Sicht. Pläne waren für mich immer schon wichtig. Ich hatte immer einen Plan B und C im Hinterkopf, falls Plan A nicht funktionierte.

Die standesamtliche Trauung erfolgte im August 2008. Am 29. August 2009 heirateten Daniel und ich kirchlich. Wir waren beide Messdiener gewesen und haben am Anfang unserer Beziehung viele Jugendfreizeiten betreut, waren oft im Jugendkeller der Kirche und waren auf vielen Pfarrfesten präsent. Der Glaube an Gott hatte nicht den größten Stellenwert in unserem Leben, aber er war da und wurde mal mehr und mal weniger gelebt.

Nach der kirchlichen Trauung kam dann doch das Thema der Familienplanung auf. Wir haben wirklich sehr lange darüber gesprochen. Wir wollten beide weiter in unseren Jobs bleiben. Ich bei der Feuerwehr und Daniel als Lokführer bei der Deutschen Bahn. Im Spätsommer 2010 beschlossen wir aber, es zu versuchen. Ich fing sogar an, meinen Eisprung zu errechnen. Unser Kind sollte im Sommer auf die Welt kommen, damit es immer im Sommer Geburtstag feiern könnte. So bestimmen gewisse Pläne schon das eigene Sexualleben. Echt unglaublich. Aber dieser Plan ging dann tatsächlich auf.

Am 28. Oktober 2010 hatte ich Dienst. Mir war nicht gut. Total komisch und undefinierbar. Als ich mich abends auf der Wache hinlegen wollte, überkam mich eine heftige Übelkeit. So hatte ich das noch nie erlebt.

Am nächsten Morgen machte ich zu Hause einen Schwangerschaftstest. Während ich auf den Schwangerschaftstest pullerte, putzte Daniel sich neben mir die Zähne. Wir rechneten eigentlich nicht mit einem positiven Ergebnis. Doch nur knappe drei Minuten später starrten wir auf zwei kleine blaue Streifen.

Eine Schwangerschaft bedeutete in meinem Fall ein Arbeitsverbot in meinen üblichen Tätigkeitsbereichen. Das hieß: kein Rettungswagen oder Löschfahrzeug fahren und keine 24-Stunden-Dienste mehr. Zu diesem Zeitpunkt war ich in der 6. Woche schwanger. Ich sollte vier Tage nach Feststellung meiner Schwangerschaft einen mehrwöchigen Lehrgang für die Feuerwehr absolvieren. Den sogenannten Desinfektor. Also fing ich wieder an zu planen: Den Lehrgang nicht anzutreten, würde bedeuten, ihn irgendwann nachholen zu müssen, also vier Wochen nach Essen zu fahren und jeden Tag meinen kleinen Säugling irgendwo abgeben zu müssen. Außerdem war es ja gar nicht sicher, ob dieses Kind es bis zur 12. Woche schaffen würde. Ich beschloss daher, den Lehrgang anzutreten und meinem Arbeitgeber die Schwangerschaft in der Frühphase zu verschweigen.

Das war echt eine harte Zeit. Zum Glück blieben mir Brechepisoden erspart, aber übel war mir trotzdem. Ich war in den ersten Wochen so müde und musste als Kaffeejunkie auch noch auf meine Kaffee-Flatrate verzichten. Lediglich eine Tasse mit echtem Koffein gönnte ich mir pro Tag. Ich war während der vier Wochen mehrfach davor, meinem Kollegen Ralf zu sagen, dass ich schwanger sei. Denn der Lehrgang beinhaltete nicht nur den Umgang mit Chemikalien, sondern auch das Tragen von Chemikalienschutzanzügen. Unter Maske und Filter zu atmen war mit der täglichen Übelkeit eine echte Herausforderung. Was, wenn mir etwas passieren würde und niemand Bescheid wüsste?

Ralf habe ich letztendlich dann trotzdem nichts von meiner Schwangerschaft erzählt. Ich wollte nicht, dass er eventuell für mich schwindeln muss.

Kurz vor der Prüfung zum Desinfektor war ich bei meinem Wachabteilungsführer und schob ihm meinen Mutterpass über den Schreibtisch zu. Ich war in der 9. Schwangerschaftswoche und alle Untersuchungen waren in Ordnung gewesen. Er lächelte. Ich sagte: „Ich möchte Ende der Woche noch meine Prüfung machen, und darauf die Woche muss ich dann wohl in den Tagesdienst." Seine Antwort war: „Das kriegen wir hin. Soll ich das den Jungs sagen oder möchtest du?" Natürlich wollte ich es meinen Jungs selbst sagen. So eine Neuigkeit verbreitete man ja nicht jeden Tag. Ein Weihnachtsmarktbesuch in Aachen in der Woche darauf erschien mir als geeigneter Zeitpunkt.

Am Ende der Woche trat ich erst einmal meine mündliche Prüfung zum Desinfektor an. Ein Prüfer fragte mich auch nach den Besonderheiten von Infektionskrankheiten bzw. infektiösen Patienten in Bezug auf eine Schwangerschaft. Bei der Antwort hatte ich einen hochroten Kopf, stotterte hörbar und versuchte mir nichts anmerken zu lassen. Die Prüfung bestand ich mit der Note 2. Das war also schon mal geschafft.

Jetzt kam die Frage auf, wie ich das meinen Jungs beibringen sollte. Ich war die erste Brandmeisterin und damit auch die Erste an der Wache, die schwanger war.

Für die Fahrt zum Weihnachtsmarkt mit der Bahn bekam jeder eine vorgepackte Tasche mit Leckereien, einer Flasche Wasser und vielen Dosen Bier. Die Stimmung war schon heiter, als wir uns am Bahnhof trafen. Mein Kopf ratterte. Wie sollte ich nur am besten anfangen? Wann ist der richtige Zeitpunkt? Wir hatten im Regionalexpress gerade so irgendwie alle Platz gefunden, als Mark mich fragte:

„Ey, Lissi, wat is' denn los, trink doch mal endlich was. Oder bist du schwanger?"

„Ja." Mark hat sehr verdutzt geguckt. „Wat? Echt?" „Ja, Mark, ich bin schwanger." Das ganze Abteil fing an zu grölen. Plötzlich wanderten alle Wasserflaschen der Jungs in meine Weihnachtsmarkttasche. Mark entschuldigte sich bei mir: „Lissi, ich wollte das nicht, es tut mir so leid." Ich hingegen war aber eher erleichtert: „Mark, ich danke dir, ich wusste nicht, wie ich euch das erzählen soll." Auch heute noch lachen wir über den besonderen Moment, in dem Mark ungewollt meine Schwangerschaft entlarvt hat.

Die nächsten Wochen und Monate verliefen normal. Ich kämpfte gegen die gewöhnlichen Beschwerden einer Schwangerschaft. Der Tagesdienst und das frühe Aufstehen sowie die ausgeprägte Müdigkeit machten mir zu schaffen.

Wir überlegten uns schon Namen: Antonia Maria für ein Mädchen und Philip Martin für einen Jungen. Um die 18. Woche erfuhren wir, dass wir einen Jungen bekommen würden. Das Kind stellte seinen Mini-Penis quasi so zur Schau, dass es auch für Laien deutlich zu erkennen war. Also würden wir einen kleinen Philip bekommen. Den Namen und das Geschlecht hielten wir vorerst geheim.

Dann las ich die „Müttermafia" von Kerstin Gier. Mama Conny hat einen kleinen Sohn. Dieser heißt Julius. Sie nennt ihn immer liebevoll Juli. Nachdem ich das Buch ausgelesen hatte, musste sich mein Mann leider von Philip Martin Scholten verabschieden. In meinem Herz hatte nämlich Julius Martin einen festen Platz eingenommen. Sorry, Papa in spe, Mama-Hormone sind einfach stärker.

Ab dem 6. Monat durfte ich nicht mehr arbeiten. Vorzeitige Wehen, ein verkürzter Muttermund, zu viel Fruchtwasser und ein Schwangerschaftsdiabetes begleiteten mich ab diesem Zeitpunkt. Zahlreiche Tabletten gehörten von da an zu meinem Frühstück, und auf Kohlenhydrate musste ich auch achten. Ich ernährte mich quasi nur von Salat und Gemüse. Dabei hatte ich immer so Lust auf Orangensaft. Ich hätte das Zeug literweise trinken können, erlaubt war mir aber nur ein halbes Glas täglich. Weil Julius als eine drohende Frühgeburt eingeschätzt wurde, wollten die Ärzte zur Sicherheit die Lungenreife durchführen. Es sollte mir Kortison gespritzt werden. Dafür wollte mich die Gynäkologin für vier Tage ins Krankenhaus schicken, damit man mir täglich alle zwölf Stunden eine Spritze in den Muskel verabreicht. Ich bin ein schlechter Patient und Krankenhäuser besuchte ich eigentlich nur zum Arbeiten. Das kam mir gar nicht gelegen. Zudem war es echt warm und die Vorstellung in einem Krankenhauszimmer festzusitzen, passte mir gar nicht. Also erzählte ich der Ärztin, dass meine Schwester, die Krankenschwester ist, mir die Spritzen verabreichen könnte, damit ich gar nicht erst ins Krankenhaus muss. Meine Schwester ist wirklich Krankenschwester, aber gespritzt habe ich mir das Kortison selber.

Ich gebe zu, anfänglich war ich aufgeregt. Ich hatte mir schon Zugänge gelegt und Infusionen gegen einen Hörsturz verabreicht. In einer Vene war das auch eigentlich kein Problem. Aber in einen Muskel hatte ich mir selber noch nie gespritzt. Die Nadel ist dicker und länger und es schmerzte auch mehr als beim Verabreichen der Injektionslösung. Aber Augen zu und durch, es war wichtig für unser Kind. Mein Mann musste dabei jedoch immer den Raum verlassen, er konnte das einfach nicht mit ansehen.

Zum Ende der Schwangerschaft war mein Bauch ein richtiges Fass. Ich konnte meine Füße nicht mehr sehen und musste zum Pullern meinen Bauch etwas anheben. Unfassbar, dass ich bis zum 5. Monat noch Sit-ups und Sport machen konnte. Daran war am Ende nicht mehr zu denken.

Dadurch, dass ich aufgrund des Schwangerschaftsdiabetes eine vorgeschriebene Diät einhalten musste und meine Ärztin die Zuckerwerte streng und akribisch überwachte, hatte ich zum Ende der Schwangerschaft trotzdem nur etwa sieben Kilogramm zugenommen. Wasser in den Beinen oder Gelenken blieb mir komplett erspart. Dafür hatte ich viel Fruchtwasser im Bauch.

Julius war dann letztendlich doch keine Frühgeburt. Er kam in der 37. Schwangerschaftswoche (36+5) zur Welt. Bei einer Routineuntersuchung meiner Gynäkologin löste diese unerwartet meine Wehen aus. Als ich die Praxis verließ, hatte ich ein komisches Gefühl im Bauch. In der folgenden Nacht war an Schlaf nicht zu denken. Ich wälzte mich hin und her und wusste nicht, wie ich liegen sollte.

Morgens um 7.00 Uhr kam Daniel vom Nachtdienst. Ich berichtete ihm von meiner kurzen Nacht und vom ständigen Ziehen in meinem Unterbauch. Erst da kam mir in den Sinn, mal zu schauen, in welchen Abständen die Schmerzen auftraten. Sie kamen alle zehn Minuten. Ich rief Daniel zu: „Oh, ich glaube, ich habe Wehen. Ich pack dann mal meine Tasche." Daniel rief währenddessen bei der Arbeit an und gab Bescheid, dass er abends nicht kommen würde. Ich sagte ihm, dass wir aber erst fahren würden, wenn die Wehen alle fünf Minuten kommen, weil ich keine Lust hatte, umsonst in die Klinik zu fahren. Außerdem sollte Daniel sich noch mal hinlegen, um etwas Schlaf zu bekommen. Ich hingegen konnte nicht mehr schlafen, ich war so aufgeregt. Wir bekamen schließlich ein Baby!

Gegen Nachmittag kamen meine Wehen alle fünf Minuten. Wir schlichen uns aus dem Haus, damit niemand bemerkte, dass wir zu zweit mit gepackter Tasche Richtung Auto stiefelten. Natürlich wäre den Nachbarn sofort klar gewesen, was los war.

Obwohl die Wehen in immer kürzeren Abständen kamen, tat sich in der Nacht nicht wirklich viel. Die Fruchtblase wurde gegen 0.00 Uhr durch die Hebamme geöffnet, und trotzdem hat der Köttel sich noch bis zum Morgen Zeit gelassen. Er kam mit seinem Dickkopf einfach nicht um die Ecke. Die Oberärztin entschloss sich dann für den Einsatz einer Zange. Ich war total platt. Obwohl ich durch die PDA keine Schmerzen hatte, war das Prozedere der letzten Nacht doch sehr erschöpfend. Ständig schob und drückte man an mir oder an meinem Bauch herum. Zudem hatte ich die Nacht davor ja auch nicht geschlafen.

Um 5.00 Uhr morgens am 16. Juni 2011 holte die Oberärztin den Köttel mit dem dicken Kopf mittels Zange und einem großen Ruck auf die Welt. Er war glitschig, klebrig und blitzte blau. Ich umarmte den kleinen blauen Kerl und konnte mein Glück vor lauter Erschöpfung kaum fassen. Ich flüsterte: „Ja, es ist wirklich ein Junge." Der neue Erdenbürger lag mit seinen Hoden direkt auf meinen Fingern.

So schön der erste Moment anfangs auch schien, die Ärztin war unruhig und nicht zufrieden. Der Köttel schrie nicht und wirkte gestresst. Zudem hatte er durch die Zangengeburt ein riesiges Hämatom auf der linken Gesichtsseite.

Zum väterlichen Abnabeln kam es dann leider nicht. Die Ärztin durchtrennte hektisch die Nabelschnur, schnappte sich das blaue Kind und lief mit ihm auf die Intensivstation, um ihn besser untersuchen und absaugen zu können. Ich lag da, bis zum Anschlag voll mit mütterlichen Hormonen und konnte nichts tun. Noch nicht einmal aufstehen. Angst überkam mich und ich fühlte mich so hilflos. Irgendwann kam die Ärztin zurück und nahm Daniel mit. Ich drückte ihm noch schnell mein Handy in die Hand und verlangte: „Egal, was passiert, du lässt ihn auf gar keinen Fall alleine!"

Ganze zwei Stunden dauerte es, bis die Nachgeburt endlich da war und sich ein Arzt fand, der die Fetzen wieder zusammennähte, die beim Schlüpfen vom Köttel entstanden waren.

Nach einer gefühlten Ewigkeit kam eine neue Hebamme vom Frühdienst. Sie half mir in einen Rollstuhl, da ich immer noch kein Gefühl im unteren Teil meines Körpers hatte, und schob mich auf die Kinderintensivstation. Als ich diesem kleinen Wunder zum ersten Mal richtig in die Augen schauen konnte, musste ich weinen. Das war unser Sohn, es war ein so unglaublich schönes Gefühl.

Die Ärztin erklärte uns, dass Julius' Sauerstoffsättigung bei 90 Prozent läge und unter angefeuchtetem Sauerstoff stabil, aber bis jetzt nicht gut gestiegen sei. Er müsste daher weiter auf der Kinderintensivstation bleiben. Die Zangengeburt und das Hämatom hatten ihn gestresst und er musste sich von der Geburt in Ruhe erholen und überwacht werden. Uns stand somit unsere erste harte Bewährungsprobe bereits direkt nach Julius' Geburt bevor.

Ein wenig später stellte sich leider auch noch heraus, dass Julius Probleme beim Trinken hatte. Das Stillen funktionierte leider gar nicht. Durch das Hämatom und die dadurch vermutlich bestehenden Kopfschmerzen war jeder Schluck für den Köttel ein Problem. Wir kämpften um jeden Milliliter. Derweil rang ich mit meiner Muttermilch und der Milchpumpe, denn das wollte anfänglich so gar nicht klappen. Aber ich wollte unbedingt, dass Julius meine Milch bekommt. Nach ein bisschen Hin und Her mit der Milchpumpentechnik ging ich zum Glück als Sieger aus diesem Kampf hervor.

Emotional hatte ich große Schwierigkeiten, dass ich nicht immer bei meinem Kind sein konnte. Die Milcheinheit in der Nacht um 3.00 Uhr durfte ich nicht verabreichen, die bekam er von den Krankenschwestern. Ich musste die Kinderintensivstation nach der Milchgabe um 23.00 Uhr verlassen und durfte erst morgens nach der Übergabe wieder zu meinem Kind. Die Begründung war, dass die Mamas auch mal zur Ruhe kommen sollten. Dass andere über mich entscheiden ohne mich zu fragen, hat mir damals schon nicht gefallen – und das gefällt mir bis heute so gar nicht. Außerdem konnte ich ohne Julius an meiner Seite ohnehin nicht schlafen.

Zwei Tage nach Julius' Geburt durfte ich ihn tagsüber mit auf mein Zimmer nehmen. Die Sauerstoffsättigung war mittlerweile gut, nur zu den Mahlzeiten musste ich mit ihm auf die Intensivstation. Als ich der Familie mitteilte, dass ich Julius tagsüber auf meinem Zimmer hatte, waren in kürzester Zeit alle da, um den kleinen Mann endlich mal live zu sehen. Vorher konnte ich ihnen ja nur ein einziges Foto zeigen.

Meinen Sohn abends wieder auf die Kinderintensivstation zu bringen, fiel mir unendlich schwer. Ich war jetzt Mama und wollte dieses Kind einfach nicht mehr hergeben.

Am nächsten Tag sollten wir entlassen werden. Am Abend zuvor legte ich ihn ein letztes Mal in sein Wärmebettchen. Die „nette" Nachtschwester, die ich so gar nicht leiden konnte, hatte gerade alle anderen Säuglinge an ihre Monitore angeschlossen, warf einen Blick auf mich, ging aus dem Raum und schaltete das Licht aus. Ich stand immer noch bei Julius am Bettchen. Sie hatte Julius nicht an seinen Monitor angeschlossen, obwohl das laut den Ärzten immer noch erforderlich war. Ich war sauer. Ich durfte ihn wegen der Überwachung nicht mitnehmen, aber die „nette" Schwester machte auch keine Anstalten, mein Kind an den Monitor anzuschließen, obwohl sie wusste, dass ich die Intensivstation jetzt verlassen musste. Also steckte ich alle Elektroden in den Monitor, denn so viel konnte man da ja nicht falsch machen. Die Dinger sahen auch alle irgendwie gleich aus. Und schließlich hatte ich das ja auch gelernt. Bevor ich den Monitor anschaltete, beugte ich mich zu Julius ins Bettchen, küsste ihn vorsichtig und flüsterte ihm zu: „Halte durch, mein Schatz, morgen hol ich dich hier raus, und dann starten wir in unser neues Leben." Ich schaltete den Monitor ein. Zwei Sekunden später erfolgte ein Herzalarm. Keine zehn Sekunden später stand die „nette" Krankenschwester kurzatmig im Türrahmen und sah mich verdutzt an. Ich sagte nur: „Ups, war wohl eine Elektrode lose. Aber gut zu wissen, dass Sie so schnell da sind."

Am nächsten Tag durften wir dann endlich nach Hause. Schon Julius' Start ins Leben war also ein kleiner Kampf. Für uns drei. Dass noch so viele weitere Kämpfe auf uns warteten, war damals natürlich noch nicht abzusehen.

Er war mein kleines Wunder, mein Kämpfer und mein kleiner Dickkopf. Von wem hatte er das nur?

Tigerteam

Endlich zu Hause. Julius machte unsere kleine Familie komplett und perfekt. Ich war voll mit mütterlichen Hormonen. Aber das störte mich nicht. Ganz im Gegenteil. Ich war nicht mehr die hektische und zielstrebige Frau, die immer Plan A, B und C in der Tasche haben musste. Ich war jetzt einfach nur eine Mama. Und das war so unfassbar schön! Ich fühlte mich komplett, vollkommen und angekommen. Ruhig und entspannt waren unsere Tage, so völlig anders, als ich es gewohnt war. Mein bzw. unser kleines Wunder bestimmte jetzt unseren Alltag und unser Leben. Ich fühlte mich so gut dabei, ihn einfach nur anzuschauen, zu streicheln und beim Kuscheln an ihm zu schnuppern. Ich war so entspannt, wie ich es noch nie zuvor in meinem Leben war. Und das spürte der kleine Köttel. Er war ein total süßes kleines Bündel voller Leben.

Das Stillen klappte in den ersten drei Monaten gut, bis der kleine Mann herausfand, dass es mit der Milch aus der Flasche schneller ging und weniger anstrengend war als aus Mamas Brust. Von da an lehnte er meine Brust gänzlich ab und wollte nur noch das weiße Gold aus der Flasche. Fortan hatte ich immer eine manuelle Milchpumpe dabei. Eine günstige, aber zum Teil zeitintensive Variante. Auch wenn der Tiger die Muttermilch nicht mehr selber trinken wollte und diese auch nachts verschmähte und durchschlief, war es wichtig, dass er sie bekam. Aufgrund meiner zahlreichen Allergien riet uns meine Hebamme dazu, dem Tiger so lange wie möglich Muttermilch zu verabreichen. Mit vier Monaten begann Julius durchzuschlafen, ich hingegen musste trotzdem aufstehen, um die Milch abzupumpen. Zum Glück kann man Muttermilch hervorragend einfrieren. Der Milchvorrat im Eisschrank stieg, und damit stand ich auch nicht immer so unter Druck, rechtzeitig für Julius abpumpen zu müssen.

Julius war tagsüber sehr unternehmungslustig. Normal zu krabbeln fand er doof. Er schob sich meist rückwärts über den Boden. Irgendwann fing er an zu knurren, wenn ich seinen Bauch krabbelte. „Du knurrst ja wie ein kleiner Tiger", sagte ich, und er strahlte mich mit seinen großen Augen an. Von da an war er *mein Tiger*.

Alles, was der Tiger in die Finger bekam, wurde in den Mund gesteckt und probiert, er erkundete seine Welt oral. Er drehte und rollte sich erst spät, dafür konnte er früh sitzen und mit Hilfe stehen. Schon damals wollte er nichts verpassen, und in der Trage wollte er partout mit Sicht nach vorne getragen werden, damit ihm auch bloß nichts entging.

Wir nahmen den Tiger überall hin mit. Es gab für uns kein Event, das wir ausließen, nur weil wir ein kleines Baby hatten. Wenn er müde war, kam Julius auf dem Arm am besten zur Ruhe. Schnuller und Tuch zum Kuscheln, den kleinen Mann etwas schaukeln und das Schlaflied von den Prinzen singen oder summen ... und der Tiger war im Land der Träume. Knatsch vor oder nach dem Schlafen gab es nicht. Manchmal wurden wir gefragt: „Macht euer Sohn überhaupt irgendwelche Geräusche? Der ist ja immer so ruhig." Natürlich hatten wir auch Situationen, in denen es viel Gezeter und Geschrei gab, aber die waren wirklich selten. Ich war echt sehr stolz auf meinen kleinen Tiger. Seine blauen Augen und sein süßes Lächeln verzauberten nicht nur uns.

Am Heiligabend 2011 war Julius sechs Monate alt und bekam ein ganz besonderes Geschenk vom Weihnachtsmann: Mit einer Temperatur von 39,4 Grad brachen seine ersten Schneidezähne im Unterkiefer durch. Das Fieber interessierte ihn nicht wirklich. Er tobte weiter und hatte große Freude dabei, alle Päckchen auszupacken und das

Geschenkpapier auf dem Boden zu verteilen. „Fieber? Egal, ich will was erleben und mach mein Ding." Das schien schon damals sein Motto zu sein.

Er wusste ganz genau, was er wollte – und dafür liebte ich ihn. Natürlich hatte er seinen Dickkopf von mir. Das hat sein Vater schon früh erkannt und irgendwann wussten es auch alle anderen in der Familie.

Es machte uns viel Freude ihm beim Erkunden seiner Umgebung zuzusehen. Zum Jahreswechsel 2011 auf 2012 zogen wir in eine neue, eigene und größere Wohnung, die viel Platz für unsere kleine Familie bot. Wir hatten einiges zu renovieren, kamen aber gut voran, da ich noch in Elternzeit war. In der ersten gemeinsamen Nacht in der neuen Wohnung schliefen wir alle zusammen in Julius' Kinderzimmer.

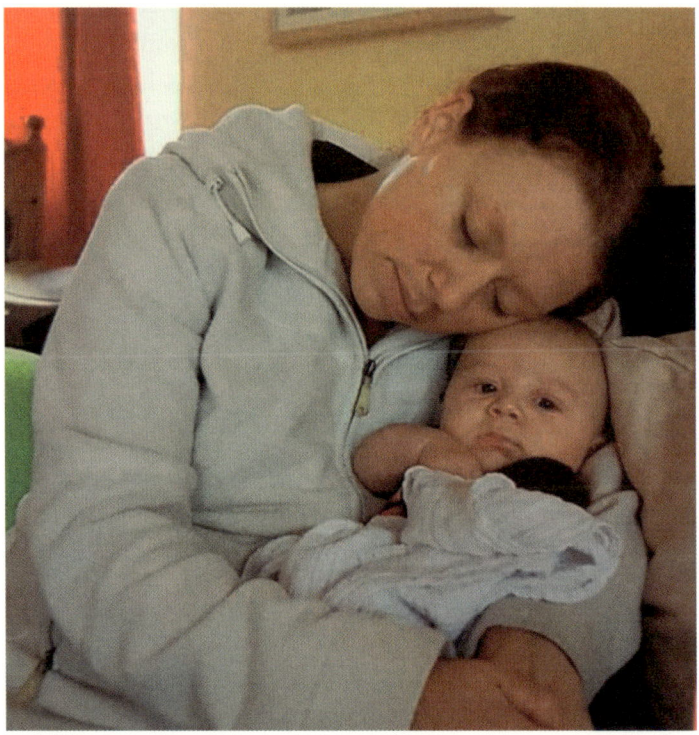

Julius mit etwa sechs Monaten beim Kuscheln mit Mama

Mit acht Monaten hatte Julius seinen ersten Pseudokrupp-Anfall. Ich hatte schon etliche kleine Patienten mit Pseudokrupp im Rettungswagen gehabt, aber der erste Anfall bei meinem Tiger war für mich trotz meiner Vorkenntnisse absolut nicht leicht. Die erschwerte und angestrengte Atmung bei meinem Kind zu sehen und zu hören und zu wissen, ich habe keine Medikamente dafür zu Hause, war unfassbar schwer. Ich beruhigte ihn, schaukelte ihn sanft, und wir setzten uns erst vor das geöffnete Fenster und später vor den Kühlschrank. Bei einem Anfall hilft neben einem Cortison-Zäpfchen kalte feuchte Luft. Es dauerte eine gefühlte Ewigkeit, bis sich seine Atmung wieder besserte. Natürlich habe ich auch daran gedacht, einen Rettungswagen zu rufen, habe mich dann aber dagegen entschieden, weil der Tiger das echt toll gemacht hat.

Nach den ersten Anfällen hatten wir eine Routine entwickelt, waren eingespielt und hatten auch immer genug Notfallzäpfchen zu Hause. Oft hörte ich schon abends beim zu Bett gehen, dass uns in der Nacht ein Pseudokrupp-Anfall bevorstehen würde. Julius hatte dann eine pfeifende Atmung und hustete leicht. Meist legte ich mir die Zäpfchen dann schon an mein Bett neben das Babyphon. Manchmal schlief der Tiger aber auch direkt bei uns.

Im November 2012 hatte er in der Nacht wieder einen Anfall. Auch hier bekamen wir mit unserem üblichen Prozedere alles in den Griff. Morgens war alles wieder gut, so wie immer. Aber gegen Nachmittag hörte er sich wieder total „klosig" an und hatte Fieber. Normalerweise hatte Julius kein Fieber bei einem Anfall. Natürlich hatte zu dieser Zeit die Praxis unserer Kinderärztin bereits zu, also fuhren wir in die Kindernotfallpraxis vom Krankenhaus. Als wir ankamen, dauerte es noch ein paar Minuten, bis die Praxis offiziell öffnete. Das Wartezimmer war aber bereits voll. Daniel blieb bei Julius, während ich den kleinen heißen Kerl bei der Sprechstundenhilfe anmeldete. Julius hatte sich bereits Spielzeug aus einer Kiste genommen und rutschte mit den Autos über den Boden quer durchs Wartezimmer. Er wirkte im ersten Moment so gar nicht kränklich. Aber er musste immer wieder husten, und das hörte sich nicht gut an. Er ließ sich aber wie gewohnt dadurch nicht vom Spielen abhalten. Die anderen Eltern sahen uns komisch an. Die waren auch noch alle vor uns dran. Ich stellte mich innerlich auf eine lange Wartezeit ein. Plötzlich steckte eine junge Frau den Kopf ins Wartezimmer: „Wer hustet hier?" Ich zeigte auf Julius, der sich bereits das dritte Auto aus der Spielzeugkiste geholt hatte. „Sofort mitkommen!"

Die junge Frau war die diensthabende Kinderärztin der Notfallpraxis. Sie bat die Krankenschwester, sofort eine Inhalation fertig zu machen, während sie Julius untersuchte. Ich erzählte ihr von Julius' Anfall in der Nacht und dass wir damit häufiger zu kämpfen hatten, dass sein Fieber und der Husten aber jetzt nicht dazu passten. Die Ärztin schlug vor, dass sie nach einer Inhalation erneut Julius' Brustkorb abhören und anschließend eine Röntgenaufnahme machen würde. Julius hatte Spaß bei der Inhalation. Der Dampf faszinierte ihn. Nach der Inhalation machten wir die Röntgenaufnahme. Weil er noch so klein und das alles um ihn herum so fremd war, blieb ich während der Aufnahme mit Bleischürze bei ihm.

Es stellte sich heraus, dass Julius eine Lungenentzündung hatte. Die Kinderärztin erklärte uns, dass sie Julius an die Kinderstation überweisen müsse. Er brauche jetzt dringend venöse Antibiotika für die nächsten drei Tage und müsse an einem Monitor überwacht werden. Ich war geschockt, mein kleiner Tiger musste ins Krankenhaus! Die Kinderärztin brachte uns persönlich rüber auf die Station und übergab uns an die dort diensthabende Ärztin. Was mich in diesem Moment beruhigte, war dass es eine Ärztin war, die ich noch aus meiner Ausbildungzeit im Krankenhaus kannte: Maja. Sie ging wunderbar mit den Kindern um und ich fühlte mich direkt etwas besser. Maja führte uns ins Untersuchungszimmer, dort sollte Julius seinen Zugang für die Infusion und das Antibiotikum bekommen.

Ich war sehr nervös. Der Zugang sollte am Handrücken oder in der Ellenbeuge gelegt werden. Das gestaltete sich aber sehr schwierig, da er ganz schön speckig war, wie Kleinkinder in diesem Alter eben so sind.

Maja versuchte es an beiden Armen, am Handrücken sowie in der Ellenbeuge. „Es tut mir sehr leid, da ist leider nichts zu finden", gab Maja nach einiger Zeit auf, „wir legen einen Zugang in den Kopf." Bei dem Gedanken, dass Julius eine Nadel in den Kopf bekam, wurde mir schlecht. Maja bemerkte meine Unruhe und sah mir in die Augen: „Melissa, ich weiß, du möchtest dabei sein, aber glaub mir, es ist besser, wenn ihr vor der Tür wartet." Die Krankenschwester nahm Julius behutsam auf den Arm und Daniel und ich verließen den Untersuchungsraum. Wir standen vor Tür und ich hörte mein Kind schreien. Ich hielt die Luft an und konnte für einen Moment nicht weiter atmen. Daniel hielt mich fest in seinem Arm und versuchte mich zu beruhigen. Ich weinte und traute mich nicht Luft zu holen. Dann war es still hinter der Tür. Ich schaute Daniel an: Er war blass, aber gefasst. Die Tür ging auf, und Maja kam mit Julius auf dem Arm heraus, er hatte ein rotes Gesicht und verweinte Augen. Auf dem Kopf hatte er einen Netzstrumpf, der aussah wie eine kleine Mütze. Maja sah erst ihn an, dann uns: „Der kleine Mann war ausgesprochen tapfer." Ich atmete tief durch und nahm mein Kind völlig verheult in die Arme. In diesem Moment beschloss ich, mein Kind in so einer Situation nie wieder alleine zu lassen. Niemals wieder!

Ich ahnte damals glücklicherweise nicht, dass wir sechs Jahre später genau an der gleichen Stelle stehen würden. Aber nur Julius und ich, ohne Papa. Dass das, was gerade hinter der Tür geschehen war, nichts im Gegensatz zu dem war, was uns noch erwartete. Dass es in sechs Jahren nicht um einen Zugang gehen würde, sondern um etwas, das mir die schlimmsten Momente meines Lebens bescheren würde.

Wir bekamen zusammen ein Zimmer. Nur der Tiger und ich. Der Papa schlief in der Zeit zu Hause. Julius erholte sich schnell, lief trotz Zugang im Kopf über die ganze Station, erkundete andere Zimmer und alle Schubladen und Fächer, die er so fand. Nach drei Tagen konnte endlich der blöde Zugang im Kopf raus. Ab da gab es Antibiotika als Saft. Das klappte gut. Danach konnten wir wieder gefahrlos toben. Nach sechs Tagen wurden wir aufgrund guter Führung und Genesung pünktlich zum Sankt Martins-Zug im Kindergarten entlassen.

Ich hatte bereits vergessen, dass Julius' Krankenhaus-Serie mit einer Lungenentzündung begonnen hat. Einer der harmlosesten Aufenthalte, die wir zusammen erlebt haben. Die Zeit in der Uniklinik Essen hat diese Erinnerung überdeckt und so viel Platz in unserem Leben eingenommen ... Eine Zeit, die ich am liebsten vergessen und sogar auslöschen möchte. Wenn das so einfach wäre ...

Unsere kleine Familie ging weiter gemeinsam durchs Leben. Der Alltag hatte uns fest im Griff. Julius hatte sich sehr gut in der Kita eingewöhnt. Seit dem Sommer war er ein festes Mitglied der „blauen" Gruppe. Manchmal weinte er, wenn wir uns verabschiedeten, aber die Erzieher versicherten uns, dass er sich immer wieder sofort beruhigte. Später konnte er uns gar nicht schnell genug aus der Tür schubsen. Er hatte Spaß beim Spielen mit den anderen Kindern und fand auch beste Kumpels. Zu Hause schob er immer wieder alles durch die Zimmer und versteckte hier und da in für ihn passenden Ecken sein Spielzeug – mit Vorliebe Lego Duplo und Autos. Er liebte es zu baden; natürlich waren danach alle um ihn herum nass. Man konnte ihm einfach nicht böse sei und musste eigentlich immer über seine Spökes lachen. Am liebsten lief er barfuß, zu meinem Leidwesen. Die frisch angezogenen Socken blieben nicht lange an den Füßen und wurden in der ganzen Wohnung verteilt und versteckt. Das änderte sich auch nicht mit zunehmendem Alter; es gab später nur vermehrt Diskussionen darüber ...

Irgendwann merkte der kleine Tiger, dass wir nicht alle Dinge, die er tat, toll fanden. Auch große Augen und Mitleid erregende Blicke halfen nicht dagegen, dass immer öfter das Wort „Nein" ausgesprochen wurde. Das „Töpfchentraining" fand er auch mehr als doof. So versteckte er sich gerne unter dem Esstisch, wenn er einen großen Haufen in die Windel drückte. Der eindeutige Geruch verriet ihn aber, und natürlich wussten wir irgendwann, warum er sich immer wieder unter dem Tisch versteckte.

Nach Ostern 2013 hatten wir Besuch von Freunden. Wir hatten uns länger nicht mehr gesehen, und wir führten sie stolz durch unsere neue Wohnung. Wir erzählten eifrig, wie es hier vor unserer Renovierung aussah und welche Veränderungen wir alle vornehmen mussten. Plötzlich war der Tiger verschwunden. Wir suchten alles nach ihm ab: Schlafzimmer, Kinderzimmer, Wohnzimmer – und fanden ihn schließlich in der Küche, wo er auf einem Stuhl am Küchentisch saß. Wir sahen ihn alle verdutzt an. Wie war er nur da rauf gekommen? Aber im Möbel verrücken und Klettern hatte er ja bereits einige Erfahrung. Vor ihm auf dem Tisch lag etwas zusammengeknüllte Alufolie. Wir schauten etwas verwirrt, aber Julius blieb ganz still und sah uns mit großen Augen an. Ich zog ihn mit dem Küchenstuhl zu mir herüber. In seinem Schoß lag ein großer Schokoladenosterhase, beide Ohren waren bis zum Kopf abgebissen, samt Alufolie. Julius hatte dann aber festgestellt, dass die Folie überhaupt nicht schmeckte. Wir mussten alle laut lachen. Julius schien erleichtert, dass es keinen Ärger gab. Was für ein Schlitzohr!

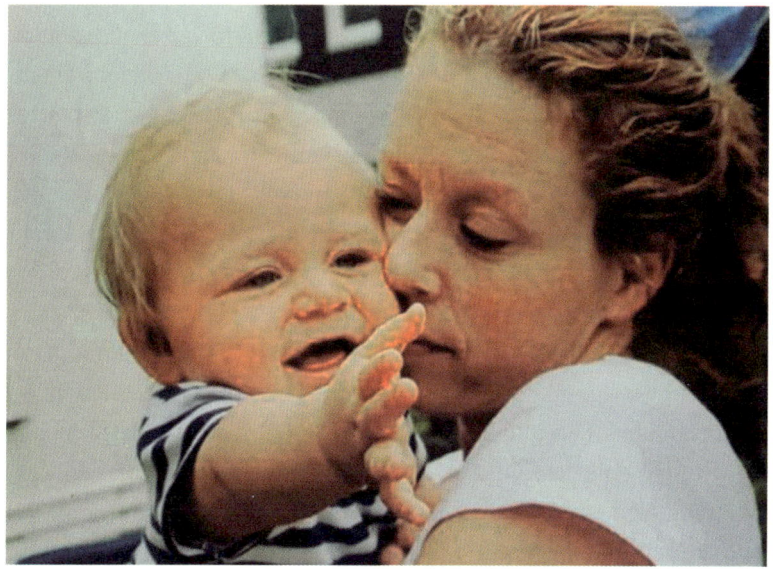

Julius mit etwa einem Jahr, auf meinem Arm bei Oma und Opa im Garten

Im Mai 2013 nahm ich ihn mit zu meiner Feuerwache. Wir schauten uns alle Fahrzeuge ganz genau an. Natürlich probierten wir bei jedem Fahrzeug das Blaulicht aus. Das fand er richtig toll. Am besten gefiel ihm aber die Drehleiter. Wir sind auch mit dem Korb bis ganz oben gefahren. Er war total begeistert, was man von dort so alles sehen konnte. So viele Straßen und Autos, Hochhäuser, Schornsteine und natürlich die S-Bahn. Eigentlich wäre er am liebsten oben geblieben. Ich versprach ihm, dass wir jederzeit Drehleiter fahren könnten, wenn er Lust dazu hätte. Das stellte ihn fürs Erste zufrieden.

Ich war so gerne seine Mama! Niemals hätte ich gedacht, dass ein kleiner Mensch mein Herz so sehr berühren könnte. Julius war meine absolute Nummer Eins. Er war mein Lieblingsmensch und bekam auch meine ganze Aufmerksamkeit. Mein Mann Daniel wusste das. Rückblickend kann ich sagen, dass meine Nähe zu Julius größer war als die zu meinem Mann. Der Alltag und das Organisieren von Julius' Betreuung während wir arbeiteten gab uns als Ehepaar nicht viel Zeit, zumal wir beide weiter voll im Schichtdienst arbeiteten und es auch nicht aufgeben wollten.

Zu diesem Zeitpunkt waren Daniel und ich 13 Jahre zusammen, fünf davon als Mann und Frau. Wir hatten schon sehr viel miteinander durchgemacht. Beginnend bei seinen Abiturprüfungen, inklusive Nachprüfung, meine erste Ausbildung im Krankenhaus, seine Bundeswehrzeit, meine zweite Ausbildung im Rettungsdienst, seine erste Ausbildung bei der RAG, meine dritte Ausbildung bei der Feuerwehr und seine Teilfingeramputation in seiner Elternzeit. Ich dachte, ich kenne ihn in- und auswendig. Es gab eine Zeit vor unserer Hochzeit, in der wir leider zu dritt waren. Ich erfuhr erst sehr spät davon und hatte hart damit zu kämpfen, dass ich für eine kurze Zeit nicht die einzige Frau für meinen Freund war. Aber ich liebte ihn aus tiefstem Herzen. Wir wollten eine gemeinsame Zukunft. Also verzieh ich ihm. Wir heirateten, bekamen ein wundervolles Kind, kauften eine Wohnung für unsere kleine süße Familie und taten alles für unsere gemeinsame Zukunft. Zumindest dachte ich das.

Da war die Welt noch in Ordnung: Familienurlaub auf Borkum, Julius ist etwas über zwei Jahre alt.

Im Dezember 2013 gab es nach Weihnachten ein Gespräch zwischen uns. Daniel empfand ich in der letzten Zeit als sehr zurückgezogen und irgendwie komisch. Ich fragte ihn, wann er mal wieder Zeit für seine Familie hätte, er würde uns fehlen. Daniel offenbarte mir, dass er sich der Liebe zu mir nicht mehr sicher sei, seit Anfang Dezember sei ihm das bewusst. Ich war geschockt und fühlte mich wie in einem Film, es tat so richtig weh, und ich verstand es einfach nicht.

Daniel zog auf meine Bitte hin vorübergehend aus. Er sollte Zeit bekommen, sich seiner Gefühle klar zu werden. Julius und ich blieben in der Wohnung zurück. Julius verbrachte dann Silvester bei Oma Silvia und Opa Martin. Da fühlte er sich sicher, da war noch alles beim Alten. Ich wollte nicht, dass er merkte, dass sein Papa an Silvester nicht bei uns war. Ich feierte bei guten Freunden, seit einer Ewigkeit ohne meinen Mann an meiner Seite. In der ersten Woche des neuen Jahres trafen wir uns. In einem sehr emotionalen Gespräch zwischen Daniel und mir fand unsere Ehe ein schmerzvolles Ende. Darüber hinaus erfuhr ich, dass schon seit einiger Zeit jemand anderes einen Platz im Herzen meines Ehemannes eingenommen hatte. Mir war sofort klar, dass ich gegen diesen Menschen niemals hätte gewinnen können.

Obwohl der Kampf um meinen Mann bereits verloren war, spürte ich binnen Sekunden, dass ich jetzt um oder besser gesagt für jemand anderen kämpfen musste: „Ich will die Scheidung, so schnell wie möglich. Du ziehst hier aus, sofort. Die Wohnung behalte ich, und Julius bleibt bei mir!" Daniel kannte mich sehr gut und wusste, dass er keine Chance hatte, den Kampf um meinen Herzensmenschen zu gewinnen.

Rückblickend habe ich bereits im laufenden Jahr 2013 bemerkt, dass unsere Liebe nicht stark genug war. Und ich wusste auch genau, an wen ich Daniel verlieren würde, aber ich wollte es einfach nicht wahrhaben. Ich habe mich wirklich um unsere Beziehung bemüht, aber alleine kann man eine Ehe einfach nicht retten. Meiner Meinung nach hätte unsere Ehe spätestens Julius' Krebserkrankung nicht überstanden.

Mir ging es damals überhaupt nicht gut, aber wir versprachen uns, gemeinsam alles für unseren Sohn zu tun, niemals vor ihm zu streiten und alle Dinge und Entscheidungen, die ihn betrafen, gemeinsam zu treffen.

Die ersten Wochen ohne Julius' Papa waren hart. Ich weinte sehr viel, konnte weder schlafen noch essen. Natürlich sah Julius seinen Vater, aber er saß nicht mehr mit uns zusammen am Tisch, er war nicht da, um mit ihm auf seinem Autoteppich zu spielen oder mit ihm zu baden. Und es fehlte das gemeinsame Kuscheln vor dem Schlafengehen. Julius sprach kaum, konnte oder wollte seine Gefühle nicht verbal teilen. Aber er suchte sehr oft meine Nähe, verlangte seinen Schnuller und sein Tuch und hatte Probleme beim Einschlafen. Im Kindergarten weinte er auch wieder öfter. Ich auch, wenn ich ihn morgens vor der Arbeit dort abgeben musste. Mein Herz tat so schrecklich weh, und ich nahm in nur wenigen Wochen mehr als acht Kilo ab. Essen war in emotional schweren Phasen eh immer schwierig. Ich war Mitte dreißig und alleinerziehende Mama eines zweieinhalbjährigen Jungen. So hatte ich mir unser Leben nicht vorgestellt. Mein Herz und mein Kopf machten so viele Überstunden, dass ich kaum mehr als drei Stunden pro Nacht schlief.

Irgendwann sah Julius mich weinen und er weinte sofort mit. Das tat mir in der Seele weh. Er wusste nicht, was los war, und da ihn keine Schuld traf, beschloss ich mich ab jetzt zusammenzureißen. Es konnte so nicht weitergehen, ich musste mich endlich wieder unter Kontrolle bringen. „Schatz, hab keine Angst, ich bin nur ein bisschen müde. Mama und Papa haben dich beide lieb. Aber jetzt sind *wir* das Team. Nur du und ich. Und zusammen schaffen wir alles. Und egal was passiert, ich lasse dich niemals alleine", versprach ich meinem kleinen Tiger.

Von da an weinte ich nicht mehr um den Mann, der mich nicht wollte. Der wichtigste Mensch, den ich zum Leben brauchte, war eh an meiner Seite.

Meine Schwiegereltern halfen mir dabei, einen neuen Rhythmus im Leben ohne ihren Sohn, dafür aber mit meinem Sohn zu finden. Sie betreuten Julius nach der Kita und teilweise über Nacht, sodass ich weiter in Vollzeit bei der Feuerwehr arbeiten konnte. Schließlich musste ich alle anfallenden Kosten von da an alleine tragen und unsere Wohnung weiter abbezahlen. Es war schwer, nach acht Jahren wieder alleine in einem so großen Bett zu schlafen und mich zu Hause nicht mehr mit dem Partner über Dinge, die einen beschäftigten, auszutauschen. Julius merkte das und kam schon oft sehr früh nachts aus seinem Zimmer zu mir ins Schlafzimmer gelaufen. An schlechten Tagen schliefen wir direkt zusammen ein.

Auch wenn es mir damals noch nicht bewusst war, entstand zu dieser Zeit das „Tigerteam". Julius rettete mich und meine Seele vor dem emotionalen Untergang. Er gab meinem Leben einen Sinn und unendlich viel Kraft. Dass wir noch enger zusammenwachsen würden und mussten, war mir damals natürlich nicht klar. Wie stark die Kraft unserer Liebe wirklich war, sollte ich erst viel später schmerzlich erfahren.

Im März war ich bereit, wieder unter Leute zu gehen, gönnte mir hier und da mal eine Auszeit vom „nur Mama sein". Beim Karneval feiern lief mir ein junger fußballverrückter und etwas kopfloser, aber sehr netter und sympathischer Kerl über den Weg. Er war der Bruder von meiner Freundin Sabrina. Sabrina und ich kannten uns von der Feuerwehr. Sie erzählte mir von ihrem Bruder und dass sein Herz erst kürzlich gebrochen wurde. Willkommen im Club, dachte ich nur. Stefan, so hieß er, flirtete mit mir. Wir kamen ins Gespräch und schrieben uns auch über dieses Treffen hinaus. Wir trafen und verliebten uns. Er heilte meine Wunden und ich vergaß sehr schnell mein Ehetrauma.

Was für mich dennoch nicht leicht war, war Stefans Alter. Er war gute 11½ Jahre jünger als ich. Für ihn war das nie ein Problem, aber für mich stellte es anfangs schon eines dar. Auch seine Familie war skeptisch, eine so viel ältere Frau an seiner Seite zu sehen. „Melissa, mir ist dein Alter egal, ich mag dich so, wie du bist." Er stand zu mir bzw. uns, und er ging toll mit Julius um. Stefan hatte einen Sohn, der nur ein Jahr älter als Julius war. Leandro und Julius verstanden sich auf Anhieb. Das machte es für mich natürlich um ein vielfaches leichter. Julius fand es total toll, einen Spielgefährten zu haben. Schon zu Beginn stand ich unter Beobachtung einer harten weiblichen Jury: Leandros Mama Mercedes war anfänglich gar nicht begeistert von der „Neuen". Ich versicherte ihr, dass ich keinen Streit wolle und es ihrem Sohn gut gehe, wenn Stefan mit ihm bei uns sei. Auch Stefans Schwester Svenja, die zu Beginn unserer Beziehung gar nicht von „der Alten" begeistert war, war bald ein riesen Fan von Julius und später auch von mir. Es entwickelte sich eine innige Freundschaft zwischen Svenja, Mercedes und mir, die bis heute anhält. Wer hätte das am Anfang nur gedacht?! Die Mädels hatten mich bei einem Fußballspiel überrumpelt. Auf der Damentoilette standen sie plötzlich mit einer Flasche Sekt vor mir! Hugo sei Dank! Wir lachen noch heute über den ungewöhnlichen Beginn unserer Freundschaft.

Es lief eine Weile richtig gut. Doch der Altersunterschied zwischen Stefan und mir machte sich im Laufe der Zeit doch bemerkbar. Dazu kam noch unser unterschiedliches Elternhaus. Er war mit mehr Wohlstand aufgewachsen als ich und es gab diesbezüglich immer wieder Konflikte. Zudem war ich mit Mitte dreißig nicht mehr bereit, in einer Beziehung gewisse Kompromisse einzugehen. Stefan war da viel flexibler und passte sich mir an, hielt aber nicht lange durch. Und ich selbst fand es auch blöd, dass er sich ständig anpasste und ich ihn nicht einfach so annehmen konnte, wie er war. Wir waren dann doch viel zu unterschiedlich. Und mit seiner großen Eifersucht konnte ich so gar nicht umgehen. Das hatte es in meinen anderen Beziehungen und gerade in meiner Ehe mit Daniel nie gegeben.

Julius mochte Stefan sehr. Und deshalb raffte ich mich immer und immer wieder auf, redete mit Stefan, und es ging wieder eine Zeit lang gut. Ich wollte nicht, dass Julius schon wieder eine männliche Bezugsperson verlieren würde. Stefan liebte mich und wollte alles für mich bzw. uns tun. Das betonte er immer und immer wieder und zeigte es auch. Er war ein liebevoller und emotionaler Mensch, aber durch seine Vergangenheit war eine chronische Eifersucht sein ständiger Begleiter.

Im Mai 2015 flogen wir mit den Kindern nach Spanien. Der Urlaub wurde von einigen negativen Ereignissen überschattet. Noch vor dem Abflug und noch auf deutschem Boden hatte Julius eine Durchfallepisode nach der anderen. In Spanien und im Hotel angekommen, waren diese zum Glück rückläufig. Am dritten Tag übergab sich Leandro in kurzen Abständen immer wieder. Ein spanischer Arzt behauptete, die Brechepisoden kämen durch eine Zecke auf dem Rücken des Jungen. Ohne Betäubung und Narkose wurde Leandro ein, wie sich später herausstellte, gesundes Muttermal mit einem Skalpell entfernt. Der arme

Kerl war völlig fertig. Einen Tag vor unserem Abflug bekam ich einen dicken Hals, konnte nicht mehr richtig schlucken und hatte Schwierigkeiten beim Sprechen.

Zwischen Stefan und mir krachte es ordentlich während dieses Urlaubs. Unsere Nerven lagen blank. Zurück auf deutschem Boden brauchte ich erst einmal meine Ruhe. Ich wollte Stefan nicht sehen und nicht hören. Nach einer Weile trafen wir uns ohne die Kinder und führten endlich ein klärendes Gespräch. Er saß lächelnd vor mir und sah mir in die Augen. „Ich weiß, was du vorhast, du willst dich trennen!" Ich nickte. „Stefan, wir passen nicht zusammen, ich kann das so nicht mehr. Wir streiten nur noch." Er lächelte immer noch. „Melissa, unser Urlaub war eine Katastrophe. Was ich dir in Spanien alles an den Kopf geworfen habe, tut mir echt so leid, aber ich war total durch. Ich war nicht für dich da, als es dir schlecht ging. Ich liebe dich, lass es uns bitte noch mal versuchen. Die Jungs mögen sich. Und ich will dich und Julius nicht verlieren. Du hast aus mir einen besseren Menschen gemacht. Das sagen alle." Ich war verunsichert, mein Herz wollte ihn eigentlich immer noch. Er kam zu mir herüber: „Lass mich dir zeigen, wie ernst ich es meine, bitte." Er bekam seine Chance.

Nur eine Woche später musste er mir beweisen, wie ernst es ihm war: als ich die Beule an Julius' Brust fand. Als Menschen in weißen Kitteln mir unfassbar schreckliche Dinge erzählten und sich eine unglaubliche Angst auf mein Herz legte. Als eine Ohnmacht von mir Besitz ergriff, die ich nie zuvor erlebt hatte.

Stefan hielt Wort und stand in einer der schlimmsten Stunden meines Lebens an unserer Seite. Dafür bin ich ihm bis heute ewig dankbar.

Es gab nur einen einzigen Menschen, der später in einem noch schlimmeren Moment an unserer Seite stand. Nur einen Einzigen. Julius hatte ihn ausgesucht und ins Herz geschlossen.

TEIL 2

TEIL 2

ES kommt – Diagnose Ewing-Sarkom

Tag 1 – Freitag 29.05.2015

Wie die meisten schlimmen Geschichten fing auch unsere völlig harmlos an.

Ich fand morgens am 22. Mai 2015 eine kleine Beule an Julius linker Brust. Ich war kurz geschockt, und es durchfluteten mögliche Ursachen meinen Kopf: Hämatom, Lipom, Fraktur, Tumor, Eiter … eben typisch Krankenschwester. Manchmal ist zu viel Wissen nicht gut und erhöht den Blutdruck.

Ein Blick auf unsere Spanienurlaubsfotos von Anfang Mai zeigte, dass die Beule schon länger da war, wir sie nur nicht bemerkt hatten. Nach anfänglicher Panik folgte entspannte Gelassenheit.

Aber woher kam die Beule? Ein Sturz schien mir am wahrscheinlichsten. Es gab jedoch keine weiteren Anzeichen. Keine Wunde, keine Verfärbung, kein Kratzer. Vielleicht eine Rippenfraktur, die keiner bemerkt hatte? Julius ging ja über Tische und Bänke. Wären wir für jeden Sturz und jeden blauen Fleck zum Arzt gefahren, wären wir Stammgast in der Notaufnahme gewesen. Als ich Julius an jenem Morgen in der Kita abgab, informierte ich die Erzieherinnen zur Sicherheit über die Beule und dachte mir, dass sich bei der nächsten U-Untersuchung beim Kinderarzt, der U8 im Juni, schon alles klären würde. Also erst mal beobachten und abwarten.

In dieser Nacht schlief Julius sehr unruhig und rief mich über das Babyphon. Schon sehr früh holte ich ihn nachts rüber in mein Bett. Doch er schlief nicht wie sonst sofort ein. Er war irgendwie komisch und gefiel mir gar nicht. Er näselte herum, atmete schwer und abgehackt. Nur meine Berührungen und mein Streicheln ließen ihn zum Schluss endlich einschlafen. Am nächsten Morgen war er wie immer. Mit müden Augen stand er am Bett und befahl: „Mama aufstehen!"

Julius' Zustand war normal und nicht besorgniserregend. Ich informierte Daniel über die Beule und darüber, dass die letzte Nacht nicht so toll gewesen war. Gegen Abend telefonierten wir erneut. Noch während unseres Gesprächs sagte Julius: „Mama, aua weh" und zeigte auf die Beule. Es war ein Samstag, und Julius' Kinderarzt hatte natürlich geschlossen. Ohne groß nachzudenken, schnappte ich mir den Tiger und fuhr in die Kinderklinik des Krankenhauses. Dort angekommen, teilte ich auf der Kinderstation meine Befürchtung mit, dass Julius eventuell eine Rippenfraktur habe. Die Krankenschwester verwies uns an die chirurgische Ambulanz. Nach einer Stunde Wartezeit kamen wir endlich dran. Der junge Assistenzarzt Hendrik, den ich noch aus meiner Zeit im Krankenhaus kannte, schallte alle Organe, inklusive Herz und Rippen. Er konnte aber keine Fraktur feststellen und verwies uns an Julius' Kinderarzt. Wir sollten in der nächsten Woche unbedingt dort vorstellig werden und nicht länger warten.

Am Montag, den 25. Mai 2015, hatte ich eine anstrengende Schicht mit wenig Schlaf. Am Dienstagmorgen rief ich dann in der Kinderarztpraxis an. Sie hatten am gleichen Tag noch einen Termin. Ich müsste binnen einer Stunde mit Julius dort sein. Ich sagte ab, denn Julius war schon in der Kita und mir steckte die letzte Nacht noch in den Knochen. Es gab einen Zeitpunkt, da habe ich mich dafür gehasst, diesen Termin nicht wahrgenommen zu haben. Aber am Resultat hätte es auch nichts geändert, wären wir hingegangen. Ich vereinbarte dann einen Termin für Donnerstagnachmittag, den 28. Mai 2015. Ich hoffte, meine Mandelentzündung bis dahin unter Kontrolle zu haben. Seit Spanien wurde ich die einfach nicht mehr los. Mittwochs hatte ich wieder Dienst auf dem Rettungswagen. Ich liebte es, aber diese Nacht war erneut sehr anstrengend. Wir mussten nachts dreimal raus. Morgens noch eine Dienstbesprechung von 8.00 bis 11.00 Uhr, dann noch für eine dienstliche Untersuchung mit Blutabnahme zum Arzt, dann ein Termin bei meiner Gynäkologin, weil mein Zyklus mal wieder machte, was er wollte. Im Anschluss nach Hause, umziehen, im Stehen etwas essen, kurz frisch machen und den Tiger aus der Kita holen. Seit ich alleinerziehend war, hatte ich einen straffen Zeitplan. Und das an jenem Tag nach nur drei Stunden Schlaf.

Als ich Julius aus der Kita holte, sagte mir Gerti, die Erzieherin: „Das ist nicht unser Julius." Er sei müde und abgeschlagen. Okay, warum dabei große Sorgen machen? Der Tiger wächst vielleicht. Und er war ein Trennungskind, keinen Bock zu haben stand ihm durchaus zu. Wir fuhren zum Kinderarzt. Er untersuchte Julius gründlich, horchte ihn ab, stellte ein paar Fragen und betrachtete die Beule: „Da ist irgendein Prozess an der Rippe, mehr kann ich da leider jetzt nicht feststellen." Er überwies uns an einen Kinderchirurgen in der Diakonie Kaiserswerth. Ich bekam die Telefonnummer der Klinik und rief beim Verlassen der Kinderarztpraxis sofort in Düsseldorf an. Wir bekamen einen Termin für den nächsten Tag, den 29. Mai 2015, um 10.00 Uhr. Am gleichen Tag war der sechste Geburtstag meines Patenkindes Hannah, der Tochter meiner Schwester. Zeittechnisch nicht das Beste, aber wir würden das schon alles irgendwie schaffen.

Wir waren am Freitag pünktlich in der Diakonie, und nach kurzer Wartezeit waren wir auch schon dran. Irgendeine Ärztin tastete Julius ab und stellte ein paar Fragen. Sie sagte dann: „Ich denke, es ist nichts Spektakuläres, aber wir sollten doch mal eine Röntgenaufnahme machen." Es folgte eine halbe Weltreise durch das Krankenhaus. Wir mussten wieder warten. Dann musste ich den Tiger überzeugen, sich so hinzustellen, wie der „Röntgenmann" das gerne hätte. Hatten wir ja schon einmal hinbekommen. Eigentlich kein großes Ding: stillstehen, Arme hoch, Drops gelutscht, Bild im Kasten. Natürlich war ich beim Röntgen mit dabei. Danach ging es wieder zurück zur chirurgischen Kinderambulanz, die jetzt gut gefüllt war. Ein Arzt kam auf uns zu, er sagte, man hätte im Röntgenbild einen Schatten gesehen, und es sollte eine Ultraschallaufnahme folgen und gegebenenfalls ein MRT. Das klang jetzt erst mal auch nicht so dramatisch. Wir wurden von einer Ärztin mit blauen Schuhen in einen dunklen Raum geführt, dort stand ein Ultraschallgerät. Ein anderer Arzt mit einem blauen Kasack und Brille kam dazu. Julius musste sich erneut ausziehen. Bereits zum dritten Mal an diesem Tag. Gegessen hatten wir bis dahin auch noch nichts.

Der junge Arzt setzte den Schallkopf auf Julius' Herz und bewegte ihn hin und her. „Schau mal da, siehst du das?", fragte er die Ärztin mit den blauen Schuhen und zeigte mit seinem Finger auf den Monitor. Ich fragte den Arzt sofort, was dort zu sehen sei, noch bevor die Ärztin antworten konnte. „Ein unklares Gewebe", antwortete er. „Also ein Tumor?", fragte ich. Der Arzt im blauen Kasack nickte. Ein Tumor ist eine Geschwulst und kann gut- oder bösartig sein, das wusste ich. „Es tut mir leid, aber mehr kann ich Ihnen im Moment nicht sagen, wir müssen unbedingt ein MRT machen."

Ich hatte lange genug mit Ärzten zusammengearbeitet. Ich wusste sehr wohl, wenn etwas nicht gut aussah. Und mein Bauchgefühl schlug gerade heftig Alarm. Wir verließen den dunklen Raum und ich versuchte zu realisieren, was dort gerade geschehen war. Mir ging viel durch den Kopf. Ich musste alle meine kommenden Termine absagen. Tumor am Herzen? Was passierte hier gerade?

Julius brauchte eine neue Windel. Seit Daniel weg war, klappte das mit dem Trockenwerden gar nicht gut. Aber ich wollte Julius dabei auch nicht unter Druck setzen, das letzte Jahr war auch so schon hart für uns gewesen. Auf der Suche nach einer Toilette brach ich plötzlich in Tränen aus. Der Arzt mit dem blauen Kasack lief an uns vorbei, er legte kurz seine Hand auf meine Schulter, sah mich an und sagte: „Frau Scholten, es tut mir so unendlich leid." Ja ... und jetzt? Ich sank weinend auf die Knie, mitten im Gang irgendeines Flures. Ich riss Julius an mich und drückte ihn fest. Eine Krankenschwester kam auf mich zu: „Brauchen Sie Hilfe?" Ich antwortete: „Mein Sohn braucht eine neue Windel, ich suche eine Toilette." Sie führte uns zu einer großen Toilette, und ich konnte nicht aufhören zu weinen. Julius wollte nicht, dass ich ihn ausziehe, veranstaltete ein totales Theater und war bockig. Die nette Krankenschwester gab Julius eine Spritze und zeigte ihm, wie man sie mit Wasser füllen kann. Ich hörte nicht auf zu weinen. Sie fragte erneut, ob sie mir helfen könnte. Ich erzählte ihr von der Nachricht aus dem Ultraschallraum. Sie war geschockt. Als Julius frisch gewickelt war, bedankte ich mich. Sie wünschte uns alles Gute und schaute uns noch lange nach, als wir Richtung chirurgische Ambulanz verschwanden, die mittlerweile ziemlich leer war. Es war kurz vor Mittag.

Ich erschuf eine neue WhatsApp-Gruppe und informierte unsere Familie. Vorsichtig versuchte ich die letzten zwei Stunden irgendwie in Worte zu fassen ohne gleich Panik auszulösen. Obwohl ich selber Panik spürte. Außerdem versuchte ich Daniel zu erreichen. Leider ohne Erfolg.

Nun saßen wir da, ganz alleine, Julius und ich. In mir war so viel Angst. Julius war mittlerweile auf meinem Schoß eingeschlafen. Dann trat die Ärztin mit den blauen Schuhen wieder auf mich zu: „Frau Scholten, wir versuchen gerade ein MRT für Sie zu organisieren. Entweder hier oder in Essen." „In Essen? Also müssen wir nächste Woche nach Essen zum MRT?", fragte ich und sah sie direkt an. Sie schüttelte den Kopf: „Nein, Sie bleiben heute stationär hier, das MRT wird heute gemacht, und Sie gehen heute nicht nach Hause." Ich war sprachlos und bekam kaum Luft, sofort schossen mir wieder die Tränen in die Augen. Ich rief Silvia und Martin an. Sie sollten ein paar Sachen für Julius bringen. Danach informierte ich Stefan. Er würde später Sachen für mich von zu Hause holen, und mein Auto stand ja auch noch auf dem Parkplatz! Dann saß ich vor der Ambulanz, mit meinem Sohn auf dem Schoß, mit dieser ungewissen Diagnose. Bilder und Gedan-

ken rasten nur so durch meinen Kopf. Übelkeit, Angst und ein großer Druck in meiner Brust quälten mich. Und ich weinte ohne Pause,
wiegte mein Kind, schlafend auf meinem Schoß.

Ein Arzt (noch ein Weißkittel!) lief an uns vorbei, sah uns und blieb
stehen: „Wird Ihnen schon geholfen?", fragte er. „Ja, danke, wir warten auf ein MRT." Er kam auf mich zu und sah mich direkt an: „Ach
ja. Sie sind die ..." Er stockte. Mutter mit dem Kind, das einen riesigen Tumor am Herzen hat, hätte er wohl fast gesagt. Aber er riss sich
zusammen, stellte sich mir vor. Ich behielt seinen Namen nicht, es
waren an dem Tag einfach schon zu viele gewesen. Er stotterte: „Da
ich hier etwas zu sagen habe, weil ich hier der Chef bin, machen wir
erst einmal ein CT. Dann brauchen wir erst mal keine Narkose, was
auch ungefährlicher ist, da Ihr Sohn die Narkose eventuell nicht gut
verkraften könnte, weil der Tumor auf die Lunge drückt."

Dass der Tumor auf die Lunge drückt, hatte mir natürlich bis jetzt
noch niemand erzählt. Das CT würde gerade organisiert. „Nicht dass
Sie denken, wir tun nichts." Wie käme ich dazu?! Irgendwann tauch-
te wieder die Ärztin mit den blauen Schuhen auf. Die hatten meinen
Blick schon den ganzen Tag gefesselt, nicht weil sie so schön waren,
im Gegenteil.

Da stand sie nun vor mir, die Frau Doktor mit den blauen Schuhen,
und wusste nicht wirklich, was sie sagen sollte. Sie brachte uns in die
Röntgenabteilung. Sie trug meine Tasche, und ich trug den schlafenden Tiger. Sie führte uns in eine patientenleere Röntgenabteilung, bat
uns auf einem freien Stuhl Platz zu nehmen. Die Röntgenassistentin
brachte mir ein Klemmbrett mit zwei DIN A4-Seiten zum Ausfüllen.
Der schlafende Tiger lag immer noch auf meinem Bauch. Hilfe beim
Ausfüllen der Formulare bekam ich nicht, die Röntgenassistentin
war sehr schnell wieder verschwunden. Mit dem schlafenden Kind
auf dem Arm füllte ich alle Formulare aus. Als wenn Julius' Diagnose
nicht eh schon schwer auf meiner Seele liegen würde.

Irgendwann, nach nicht definierbarer Zeit, konnten wir ins CT.
Aber Julius brauchte noch einen Zugang. Terror war vorprogrammiert.

Nach dem Aufwachen war er natürlich etwas muffelig und schlecht gelaunt. Ich legte ihn auf eine Liege im Vorraum. Er war verschwitzt und noch völlig daneben. Ein Arzt und Frau Dr. Blauschuh schauten nach einer guten Vene. Das fand der Tiger schon mal scheiße. Desinfektionsmittel war auch nicht besser – und dann kam die Nadel. In Sekunden lief der Tiger rot an und schrie aus voller Lunge alles aus sich heraus. Auch als der Zugang lag und alles vorbei war, konnte er sich nur schwer beruhigen. Ich trug ihn in den Raum, in dem das CT stand. Er hatte Angst. Unbekannte Leute, ein unbekannter Ort und komische Geräte. Er sah einen großen Bogen in der Mitte des Raumes und eine bewegliche Liege darunter. Und da sollte er drauf. Egal wer rein kam, Julius fühlte sich von jedem bedroht. Ich durfte bei ihm bleiben, musste aber eine dicke Bleischürze tragen. Scheiß auf die Strahlung, es ging schließlich um die Gesundheit meines Kindes. Julius wollte nicht, nur unter großem Protest konnte ich ihn auf die fahrbare Liege legen. Er musste auf der Liege einmal durch den Bogen fahren, an der Kopfseite wurde er dann an das Kontrastmittel angeschlossen, und ich musste seine Arme hochhalten. Ich dachte, ich muss sterben, es tat mir in der Seele so verdammt weh, ihn gegen seinen Willen dort festzuhalten. Ich redete die ganze Zeit auf ihn ein, wie lieb ich ihn habe und dass er das ganz toll mache und ich ihm später zur Belohnung einen leckeren Kakao besorgen würde. Als das CT fertig war, waren wir beide völlig entkräftet. Ich trug ihn hinaus, und wir wurden von einem Arzt zur Kinderstation gebracht. Die Kinderstation war recht neu, sehr schön und komfortabel. Jedes Zimmer hatte ein eigenes großes Bad. Julius erkundete jede Ecke und freute sich über den großen Fernseher und einen DVD-Player. Plötzlich standen Silvia und Martin in der Tür, dann kam meine Schwester Rebekka, später noch meine beste Freundin Diane mit ihrem Freund Marcus und ihrer kleinen Tochter Luise. Im Nu war unser Zimmer voll mit Menschen.

Julius musste erst mal weiterhin nüchtern bleiben, da man vermutete, dass es auch ein dicker Bluterguss sein könnte, der dann noch punktiert werden müsste. Ich berichtete unserer Familie, was passiert war und was noch passieren sollte. Gegen 16.00 Uhr fragte ich die Krankenschwester, ab wann Juli mal was trinken könne, er habe langsam Durst. Aber das musste leider auch noch warten.

Ich stand mit meiner Schwester Rebekka auf dem Flur, als Frau Dr. Blauschuh und der Chef der Chirurgie den Flur entlang kamen. Sie baten mich in ein Behandlungszimmer. Meine Schwester kam direkt mit. Ich setzte mich auf einen Hocker. Der Chefarzt sah mir in die Augen, holte tief Luft und fing an zu reden: „Es ist ein sehr großer Tumor am Herzen, der auf die Lunge drückt. Sie werden heute noch nach Essen in die Uniklinik auf die onkologische Station verlegt." Obwohl die Ärzte mir diese Vermutung schon zuvor mitteilten, hatte ich binnen Sekunden das Gefühl, zu ersticken und brach sofort in Tränen aus. Ich spürte eine Hand auf meinem Rücken, ich drehte mich um, es war die meiner Schwester. Ich hörte sie laut hinter mir schluchzen. Ich habe den Arzt gefragt, ob der Tumor gutartig oder bösartig war. Der Chefarzt antwortete: „Das kann man jetzt noch nicht sagen, aber eine Chemotherapie muss auf jeden Fall vor einer OP stattfinden." Ich konnte kaum sprechen. Es wurde uns freigestellt, wie wir nach Essen fahren, ob privat oder mit einem Krankenwagen. Meine Schwester riet mir, mit dem Krankenwagen zu fahren. Das wäre in unserer jetzigen Situation besser und stressfreier. Bevor beide Ärzte das Behandlungszimmer verließen, rieten sie uns, noch eine Weile zu warten und uns zu sammeln, bevor wir wieder zu unserer Familie gehen würden. Als Rebekka und ich alleine waren, fielen wir uns weinend in die Arme. Es war unfassbar. Wir weinten und schluchzten, was wir so zusammen noch nie getan hatten. Ich sagte ihr, dass ich mich nicht sammeln müsste, egal wie lange ich hier warten würde, das Ergebnis blieb scheiße. Ich lief über den Flur in Julius' Zimmer, es war voll mit den Menschen, die ich liebte. Ich blieb in der Mitte des Zimmers stehen und klärte alle auf: „Julius hat einen sehr großen Tumor am Herzen, dieser drückt auf die Lunge. Egal, ob er gut oder böse ist, Julius bekommt eine Chemotherapie. Wir werden heute noch nach Essen verlegt." Silvia und Stefan fingen sofort an zu weinen, die anderen brachten kein Wort heraus. Julius und Luise hatten auf dem Bett gespielt und sahen uns jetzt mit großen Augen an. Ich nahm Julius in den Arm und drückte ihn so fest ich konnte. Er verstand nicht, was da gerade passierte. Nachdem ich Stefan und Silvia mit Julius auf dem Arm lange gedrückt hatte, fing ich weinend an, unsere Sachen wieder in die Tasche zu packen.

Es gab keinen Weg zurück. Aufgeben kam nicht in Frage. Ich würde mein Kind nicht im Stich lassen. Die nächsten Wochen und Monate würde ich nicht arbeiten gehen und an der Seite meines Sohnes sein. Wenn er körperlich gegen die Chemo kämpfte, würde ich seelisch leiden. Nicht essen, nicht schlafen und noch während ich diese Gedanken hatte, fiel mir auf, dass ich den ganzen Tag noch nichts gegessen hatte. Mein Kopf hämmerte und schmerzte wie verrückt. Nun mussten wir nach Essen auf die onkologische Station mit einem Krankenwagen aus einer fremden Stadt. Das gefiel mir gar nicht. Ich schrieb die Telefonnummer meiner Leitstelle, der Kreisleitstelle Mettmann, auf einen Zettel und brachte sie der Krankenschwester, die für uns zuständig war. Ich bat sie, dort anzurufen und uns einen Krankenwagen zu bestellen. Ich wollte keinen Krankenwagen aus Düsseldorf, mit fremden Menschen, die ich nicht kannte, die Fragen hatten, die ich nicht beantworten wollte. Nach kurzer Zeit kam die Schwester zurück und hielt mir einen Telefonhörer hin: „Ihre Leitstelle", sagte sie. Es meldete sich eine mir bekannte Stimme. Es war Thomas, ein ehemaliger Kollege aus Erkrath, der zur Leitstelle nach Mettmann gewechselt hatte. „Thomas, mein Sohn hat einen Tumor am Herzen. Schick mir bitte ein Ratinger Auto, ich kann jetzt keinen Düsseldorfer Kollegen sehen, ich brauche jetzt bekannte Menschen um mich herum", klärte ich ihn auf. Thomas reagierte, wie ich es erhofft hatte: „Melissa, mach dir keine Sorgen, ich kläre das mit der Leitstelle und den Kollegen, wir schicken dir ein Ratinger Auto, bleib bitte tapfer." Ich ging zurück auf unser Zimmer. Julius und Luise hatten vom Abendessen ein Brötchen bekommen, tobten und futterten, während wir alle Sachen zusammenpackten. Stefan fuhr schon mal vor, er wollte noch seine Schwester Sabrina einsammeln. Er war fix und fertig. Wie wir alle. Eine halbe Stunde später stand die Besatzung des Krankenwagens in der Tür. Zwei Menschen, die ich gut kannte, Dirk und Michael. Wenigstens etwas. Mit der ganzen Familie im Schlepptau, der Krankenwagenbesatzung und Sack und Pack verließen wir die Kinderstation. Die aufnehmende Ärztin und Krankenschwester gaben uns die Hand und wünschten uns Glück und viel Kraft für die nächste Zeit.

Julius durfte sich im Krankenwagen alles angucken, bekam ein paar Spritzen zum spielen und war total glücklich. In Essen angekommen durfte er sogar noch mal Blaulicht und Martinshorn anmachen. In der Ambulanz wurden wir bereits von der Stationsleitung Herrn Schneider erwartet. Julius war total aufgeregt, weil wir zum Zeitpunkt unserer Aufnahme einen Hubschrauber hörten. Herr Schneider fragte ihn: „Willst du den Hubschrauber sehen?" Julius nickte und zerrte an meinem Arm. „Ja, dann komm mal mit." Er brachte uns auf die onkologische Kinderstation K3 und lief mit Julius am Schwesternzimmer vorbei direkt auf den Balkon. Von dort hatte man einen perfekten Blick auf den Hubschrauberlandeplatz des Operativen Zentrums. Als ich die K3 betrat, hatte ich das Gefühl, ich müsste ersticken. Keines der Kinder, denen ich begegnete, hatte Haare. Während Herr Schneider zusammen mit Julius die Landung des Hubschraubers beobachtete, rief mich endlich Daniel an. Er war völlig geschockt und wusste nicht, was er sagen sollte. Ich hatte ihm ungefähr 30 Nachrichten mit der Bitte um Rückruf hinterlassen. Erst jetzt hatte er sie abgehört, es war 18.00 Uhr abends.

Als der Hubschrauber gelandet war, hatte man uns schon ein Zimmer zugewiesen. Jetzt musste Julius noch mal durch den aufnehmenden Arzt untersucht werden. Währenddessen räumten Stefan und Sabrina unsere Sachen in unsere Schränke ein. Julius bekam einen Monitor für die nächtliche Überwachung. Er hatte noch seinen Zugang aus Düsseldorf, also musste er nicht erneut gepiekt werden. Trotzdem machte er ein riesen Theater, weil zur Blutentnahme der schon liegende Zugang noch mal durchgespült werden musste. Es tat nicht weh, aber war ihm eben völlig fremd. Mit der Zeit würde er sich daran gewöhnen, hoffte ich innerlich.

Als Stefan und Sabrina weg waren, schlief Julius. Ich ging vor die Tür des Krankenhauses, rauchte eine Zigarette und konnte nur noch weinen. Ich hatte immer noch nichts gegessen. Warum wachte ich aus diesem Albtraum nicht auf? Ein wenig beruhigte mich, dass Julius an diesem Tag wirklich tapfer gewesen war. Er fragte nicht: „Mama, was passiert hier gerade?" oder „Mama, warum sind wir hier?" Was Leben und Sterben bedeutet, war ihm nicht bewusst. Dafür war er noch zu klein. Seine Sprache und seine Auffassungsgabe hatten sich nicht altersgerecht entwickelt. Er hinkte auch durch die Trennung von seinem Papa und mir deutlich zurück. Kranksein verband er nur mit Husten, Schnupfen, Fieber oder Zäpfchen in den Po. Er war kaum vier Jahre alt und hatte jetzt Krebs. Wie sollte ich ihm das erklären? Wo ich es doch selber kaum verstand.

Tag 2 – Samstag 30.05.2015

Stefan kam und brachte einen Haufen Spielzeug aus Julius' Zimmer mit. Silvia und Martin brachten später weitere Klamotten von Julius, Hosen, Pullover, und kleine Knabbereien. Daniel kam nach allen anderen. Er war blass. In einem kurzen Gespräch erzählte ich ihm grob die Dinge, die am Tag zuvor geschehen waren. Hätte er weitere oder andere Fragen, möge er diese bitte an einen Arzt richten. Ich war fürs erste nicht in der Lage, das alles noch mal vorzutragen.

Dann mussten wir in ein anderes Zimmer umziehen, also alles wieder einpacken. Wir waren dieses Mal nicht alleine. Ein dreijähriger Junge und seine Mama wohnten in diesem Zimmer. Der kleine Mann hatte einen Hirntumor. Mir blieb beim Anblick des kleinen Jungen ohne Haare mit seiner riesigen Narbe am Hinterkopf die Luft weg.

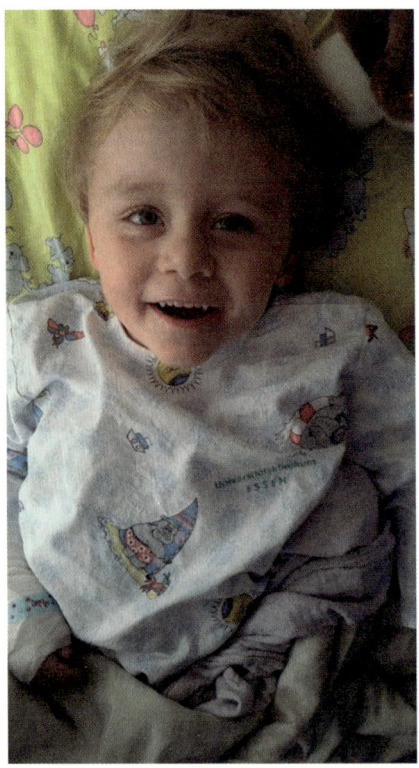

Julius während seines ersten Aufenthalts
in der Uniklinik Essen

Später ging es für Julius noch zum Herzultraschall. Sein Herz war gesund und kräftig, alle anderen Organe waren ebenfalls unauffällig. In Leber, Nieren oder der Blase waren keine Metastasen oder andere Veränderungen zu finden. Als alle anderen weg waren, Julius endlich schlief und meine Bettnachbarin auf beide Kumpels aufpasste, ging ich wieder vor die Tür. Eigentlich wollte ich rauchen. Ich hörte Musik von Sarah Connor, „Wie schön du bist" und „Bedingungslos", und weinte dicke Tränen. Ich hasse es zu Warten. Ich bin im Warten so unendlich schlecht.

Ich war an diesem Tag so erschöpft, dass ich schnell einschlief, aber immer wieder wach wurde, weil mein Herz vor lauter Angst raste.

Tag 3 – Sonntag 31.05.2015

Es war Sonntag, heute passierte nichts bzw. war nichts geplant, außer, dass der Narkosearzt noch zur Aufklärung kommen wollte, aber das sollte er schon seit Freitag. Der Tag stand im Zeichen der Familie. Wir bekamen viel Besuch, obwohl nur zwei Besucher pro Patient zugelassen waren. Wir toppten das um Längen. Wir gingen dann einfach alle ins Erdgeschoss, dort stand ein Holzschiff, welches von Julius direkt eingenommen wurde.

Auch wenn es uns ablenkte, war ich froh, als der Besuch endlich ging. Alle hatten so viele Fragen, die ich nicht beantworten konnte. Ich war so müde und konnte doch nicht schlafen.

Tag 4 – Montag 01.06.2015

MRT in Narkose

Der Narkosearzt kam um Mitternacht. Ich dachte, es wäre ein schlechter Scherz, als die Schwester mich mitten in der Nacht zum Narkosegespräch aus dem Zimmer holte. Der Narkosearzt war sehr gestresst, aber nett. Nach zehn Minuten war alles erledigt und ich konnte wieder ins Bett. Zwischendurch legte ich mich zu Julius, weil ich einfach nicht schlafen konnte. Auch in dieser Nacht wurde er durch einen Monitor überwacht, seine Werte waren aber die ganze Nacht stabil. Julius war früh wach, schon gegen 6.15 Uhr. Ich nahm ihn direkt mit zum Duschen; während ich unter der Dusche war, spielte er auf dem Handy Subway Surfers. Julius alleine auf dem Zimmer zu lassen, brachte ich nicht übers Herz.

Jetzt musste ich den kleinen Mann vom Trinken und vom Essen abhalten, was gar nicht so einfach war. Vor dem MRT erfolgten noch ein EKG und eine Blutentnahme. Beim Blutabzapfen gab es natürlich wieder Theater. Später kam die Schwester und brachte uns einen kleinen Becher mit einem blauen Saft. Auf der Kinderstation wird der „Schlumpfsaft" genannt; es ist lediglich Dormicum, welches die Kinder bekommen, um vor einer Operation oder einer Narkose etwas ruhiger zu werden. Dieser Schlumpfsaft schmeckt auf Deutsch gesagt ziemlich scheiße. Oral ist der Saft kaum zu genießen. Doch durch eine Krankenschwester aus dem Klinikum Niederberg weiß ich, dass man diesen Saft auch rektal verabreichen kann. Also bat ich die Schwester um eine Spritze. Sie schaute mich erstaunt an: „Ich hatte keine Ahnung, dass man den Saft auch rektal verabreichen kann", sagte sie zu mir. Ich fand es sehr seltsam, dass diese Art der Verabreichung auf der Kinderstation nicht bekannt war. Es erspart Eltern nämlich viel Stress und emotionalen Ärger. Der „Schlumpfsaft in den Po" war bei Julius ein voller Erfolg.

Dann ging es endlich zum MRT. Medikamente über den Zugang zu spritzen fand Julius trotz Beruhigungssaft mal wieder überhaupt nicht toll, aber plötzlich war er „weg", in Narkose. Während Juli tief und fest schlief, führte ich ein paar Telefonate, um meine Termine abzusagen. Davon alleine war mir richtig übel: immer wieder erklären zu müssen, was ich seit gerade mal vier Tagen selbst nicht verstand bzw. nicht begreifen konnte.

Vom MRT noch schlafend, ging es für den Tiger in den Aufwachraum. Beim Wachwerden war er arg „knötterig". Seine Vitalfunktionen waren aber in Ordnung.

Irgendwann ging es dann ab auf die Station. Dort warteten schon beide Omas und Opas auf den Tiger. Jetzt war Hunger und Durst angesagt, ein komplettes Brötchen und zwei Kekse wurden quasi inhaliert. Der Stationsarzt Dr. Pentek teilte uns mit, dass noch eine Lumbalpunktion und eine Knochenmarkstanze gemacht werden mussten um auszuschließen, dass sich Metastasen im Knochenmark oder im Hirnwasser befinden.

Als der Besuch weg war, bekam Julius einen neuen Zimmergenossen: Calvin, sieben Jahre, mit Blutkrebs. Ein tapferer kleiner Kerl, der schon viel hatte wegstecken müssen. Er hatte einen künstlichen Darmausgang am Bauch und eine riesige Narbe. Seine Mutter konnte ich nicht verstehen. Sie ließ ihn oft alleine, sagte, er nerve und er rede so viel. Ich dagegen fand Calvin toll und dass er gar nicht zu viel erzählte. Es war eher traurig zu hören, was er alles schon durchmachen musste. Calvin musste alleine schlafen, seine Mutter wollte nachts ihre Ruhe haben und schlief im Elternhaus. Der Leidensweg der beiden dauerte bereits drei Jahre, vielleicht wird man mit der Zeit so?

Die beiden Jungs schauten abends zusammen DVDs und fuhren mit den Betten auf und ab. Leidensgenossen eben. Gegen Abend kam der Oberarzt. Julius spielte gerade im Spielzimmer. Das MRT hatte nichts wirklich Neues ergeben. Er sagte, der Tumor sei groß und es gäbe zwei kleine Punkte, die eventuell Metastasen in der Lunge bedeuten könnten. Die waren aber auch schon im CT zu sehen gewesen. Von den Metastasen wussten wir bis dato nichts. Der Oberarzt meinte, dass es erstaunlich sei, wie fit Julius sei, wenn man bedenke, dass der Tumor so groß sei wie ein halber Lungenflügel.

Als der Oberarzt weg war, rang ich nach Luft. Wann würde ich nur endlich aus diesem Albtraum aufwachen?

Tag 5 – Dienstag 02.06.2015

Knochenscan

Die Nacht war ruhig, wir hatten geschlafen wie Steine und waren früh wach. Schnell duschen und anziehen, um 8.00 Uhr sollte es ja schon wieder losgehen.

Julius musste für die Untersuchung wieder nüchtern bleiben. Normalerweise kann ein Knochenscan ohne Narkose erfolgen, aber bei kleinen Menschen ist eben einfach alles anders. Julius sollte zuerst ein radioaktives Mittel gespritzt werden, dann mussten wir eine bestimmte Zeit warten. Eine Stunde, bis sich das radioaktive Medikament im Körper verteilt hatte. Später erfolgte eine Ganzkörperaufnahme, dabei musste Julius komplett still liegen. Wenn er zu diesem Zeitpunkt schlafen würde, wäre das perfekt. Aber wer kann schon schlafen, wenn so viele Weißkittel um einen herum stehen und ein komisches Gerät einem so nah kommt? Deshalb würde Julius für die Aufnahme eine Sedierung bekommen. Aber erst mal bekam er das radioaktive Medikament. Das ging natürlich nicht ohne Protest. Dann hieß es schon wieder warten. Papa war auch noch nicht da. Stefan wollte heute mal zu meiner Feuerwache fahren, um meine Chefs auf dem Laufenden zu halten. Das war für mich schon eine große Erleichterung. Ich hatte schon wieder Halsschmerzen, die wollten einfach nicht verschwinden. Vor dem Knochenscan wurde noch mal Julius' Zugang durchgespült. Es gab wieder ein totales Theater. Ich hoffte erneut, dass Julius sich irgendwann daran gewöhnen würde. Weil es jetzt irgendwie doch länger bis zum Knochenscan dauerte, bekam er eine Glucose-Infusion gegen den Hunger, also Zucker über die Vene. Wenn man aber Bock auf Brötchen mit Wurst hat, ändert auch eine blöde Infusion nichts daran. Drei Stunden Wartezeit, und er durfte nichts essen und nichts trinken. Ich versuchte ihn abzulenken, aber selbst mein Magen knurrte schon. Appetit hatte ich trotzdem nicht. Ich aß eigentlich nur noch, damit ich nicht umkippte. Und außerdem: Wenn mein Kind nichts essen darf, esse ich auch nicht.

Gegen 11.30 Uhr ging es dann zuerst zur Ganzkörper-Skelettaufnahme. Auf dem Weg zur Aufnahme spielte Julius mal wieder Subway Surfers auf dem Handy, damit ließ er sich immer gut ablenken. Auch heute gab es zur Beruhigung natürlich wieder einen Schluck Schlumpfsaft in den Po, leider kam danach noch ein dicker fetter Haufen, und deshalb wirkte der Schlumpfsaft nur unzureichend. Ich war froh, als Julius später die Sedierung von Assistenzarzt Dr. Pentek bekam und völlig entspannt schlief. Für mich als Mutter war es oft schwer zu ertragen, welche Untersuchungen mein Sohn alle über sich ergehen lassen musste. Am Ende war ich heilfroh, wenn er einiges davon komplett verschlief. Weil Julius' Sedierung auf Station noch eine Weile anhielt, wurde die Zeit für eine große Blutentnahme (11 Röhrchen) genutzt. Julius schlief noch eine ganze Weile.

Stefan kam mit seinem Sohn Leandro vorbei, und Julius schlief und schlief und schlief. Als er dann endlich wach wurde, konnte es nicht schnell genug zum Spielen gehen.

Im Laufe des Nachmittags folgten noch eine Narkoseaufklärung und die chirurgische Aufklärung für die Tumorbiopsie. Die Chirurgen erklärten alles sehr ausführlich. Der Tumor drücke sich durch die Rippen (daher kam die Beule) und lag an den Rippen vor der Lunge. Sie nannten den Tumor ein Sarkom. Sie meinten, Sarkome sind immer bösartige Tumore, und auch die Größe von Julius' Tumor spreche dafür. Ich hatte bei diesen Informationen wieder ordentlich mit Tränen zu kämpfen und konnte mich nur schwer beruhigen. Zudem war ich etwas erkältet und hatte irgendwie einen schlechten Tag. Heute lastete wieder alles schwer auf meiner Seele.

Dr. Pentek kam vorbei und informierte mich, dass der Knochenscan unauffällig sei. Also vermutete man ein Weichteilsarkom. Das gab mir am frühen Abend dann völlig den Rest und ich musste mit Stefan längere Zeit vor die Tür, um mich zu beruhigen. Heute war einfach nicht mein Tag. Und morgen stand uns dann noch die Biopsie bevor! Der Oberarzt informierte uns, dass das Ergebnis der Biopsie bestimmt bis zur Woche darauf auf sich warten lassen würde.

Wenn es Julius gut ginge, dürften wir übers Wochenende nach Hause. Oh Gott, bitte, das wäre echt toll, dachte ich. Julius war ganz entspannt und fröhlich; er schaute wieder mit Calvin DVD. Was soll man denn auch sonst im Krankenhaus machen?

Tag 6 – Mittwoch 03.06.2015

Tumorbiopsie, Lumbalpunktion und Knochenmarksstanze

Wir hatten nicht gut geschlafen. Julius hatte Schmerzen in der Brust. Ich musste ihn beruhigen und mich zu ihm legen. Dann schrie ein Kind, so schmerzerfüllt und voller Angst. Das ging mir durch Mark und Bein. Ich musste mich zusammenreißen, nicht auch zu weinen.

Wer wusste denn schon, was noch alles auf uns zukommen würde? Heute Biopsie, Lumbalpunktion und Knochenmarksstanze. Gut, dass der Tiger dabei tief und fest schlafen würde. Das würde noch mal ein anstrengender Tag für alle. Ich hoffte, dass wir dann am Wochenende nach Hause dürften und mal wieder im eigenen Bett schlafen könnten.

Absprachen sind alles. Um 7.45 Uhr sollte Julius in den OP. Jetzt sagte Schwester Melanie 9.30 Uhr. So ein Mist. Und ich hatte den Kleinen extra so früh geweckt, damit wir pünktlich fertig sind. Also wieder warten. Um kurz nach 8.00 Uhr ging es dann los, um dann im Aufwachraum doch noch eineinhalb Stunden warten zu müssen. Julius hatte zwar Schlumpfsaft bekommen, der war aber schon bald ohne Wirkung. Nach einer Stunde Wartezeit machte Julius ein totales Theater. Um 10.00 Uhr bekam er endlich eine Sedierung und wurde in den OP geschoben. Wieder warten. Die Operation dauerte mehr als zwei Stunden, dann durften Daniel und ich zu Julius in den Aufwachraum, wo er noch schlief.

An der Biopsie-Einstichstelle befand sich ein kleines Pflaster. Plötzlich kam mir die Beule an der Brust zu groß vor. Zusätzlich hatte er zwei Pflaster am Rücken von der Lumbalpunktion und der Knochenmarkentnahme. Als er kurz wach wurde, hatte er Schmerzen. Eine Schwester von der K3, die uns schon abholen wollte, wurde wieder weggeschickt, weil Julius noch eine Portion Morphin bekommen sollte. Deshalb konnte sie uns nicht mitnehmen, und wir mussten weiter warten.

Der arme Stefan hatte schon den ganzen Tag in der Cafeteria gesessen und nur gewartet.

Später waren wir alle zusammen auf Station. Stefan sah richtig blass aus. Was würde ich nur ohne ihn machen? Auf dem Zimmer war Julius noch etwas müde. Das erste Glas Wasser, das er trank, kam gleich wieder raus. Nach kurzer Zeit blieben ein Fruchtzwerg, Apfelsaft und auch etwas Brot im kleinen Mann.

Abends schauten wir wieder mit Calvin eine DVD. Als die Jungs schon schliefen, bekam ich eine Nachricht von einem Feuerwehrkol-

Meine Kollegen vom Löschzug Hösel mit ihrer Motivations-Botschaft für Julius

legen. Er hatte mir ein Foto vom ganzen Löschzug Hösel geschickt: Die Kameraden standen vor dem Feuerwehrauto, jeder hatte ein Blatt mit einem Buchstaben darauf in der Hand. Im Ganzen ergab das Geschriebene „Alles Gute Julius". Ich war so gerührt und habe sofort angefangen zu weinen, weil das so schön war. Ich spürte: Wir sind nicht allein in diesem Kampf. Ich teilte das Bild auf Facebook: „Wir werden kämpfen, mit allem was wir haben, mit Haut und Haar, bei so viel Unterstützung. Vielen, vielen Dank."

Tag 7 – Donnerstag 04.06.2015

Sommerfest

Ich hatte unruhig geschlafen. Julius war vom Vortag noch platt und hatte lange gepennt. Heute Morgen wiegen und Blutdruck messen ging dann aber mal ohne Theater. Um 11.00 Uhr kamen Rufus und

Flocke, die Klinikclowns. Aber Julius war müde und nicht aufnahme-
fähig und wollte lieber DVD schauen.

Nach einem fast zweistündigen Mittagsschlaf ging es dann zum
Sommerfest der Kinderklinik. Stefan, Daniel, Rebekka mitsamt Fa-
milie, Martin, Silvia, mein Papa, meine Mama, Julius' beste Freundin
Emily mit ihrer Familie, meine beste Freundin Diane mit Lulu und
Marcus – alle waren gekommen. Dosenwerfen, Entchen angeln und
Kinderschminken; endlich mal etwas anderes sehen! Julius woll-
te sich unbedingt bemalen lassen und entschied sich beim Kinder-
schminken für einen Polarexpress in seinem Gesicht.

Es war ein endlich mal entspannter Nachmittag und wir konnten
unsere Sorgen für kurze Zeit wegschieben.

Tag 8 – Freitag 05.06.2015

Die Nacht war unruhig. Nicht bei uns, aber bei Calvin. Er fing plötzlich
an zu weinen. Als ich rüberging und nachschauen wollte, was los war,
schwamm das ganze Bett. Ich wollte schon die frische Wäsche aus
dem Schrank holen und loslegen, aber eine innere Stimme rief mir
zu „Halt, Stopp, das ist nicht deine Aufgabe, du bist hier nur Begleit-
person." Also schellte ich. Calvin weinte die ganze Zeit. Und als die
Schwester kam, stellte sich noch heraus, dass der Beutel seines künstlichen Darmausgangs kaputt war und die Grundplatte sich abgelöst
hatte. Die Schwestern nahmen Calvin mit ins Behandlungszimmer.
Wenige Minuten später hörte ich ihn über den Flur schreien, obwohl
das Behandlungszimmer am Ende des Flurs war. Ein Plattenwechsel
tat ihm immer besonders weh, seine Haut war dort schon sehr gerötet
und wund. Wieder etwas, was mir durch Mark und Bein ging und mir
vor Augen führte, wie schwer die nächste Zeit für uns werden würde.

Morgens war Julius gegen 7.00 Uhr wach. Calvin schlief noch, kein
Wunder nach der Nacht. Julius wollte schon wieder Fernsehen gucken
oder Handy spielen. Aber es war so schönes Wetter, und solange er

noch nicht an irgendwelchen Schläuchen angeschlossen war, sollten wir unsere Freiheit nutzen. Ich wollte mit ihm raus aus dem Zimmer. Doch dann kam die Schwester und wollte Blut haben.

Oh je, der Tag fing ja gut an ... Mit einem Automemory auf meinem Handy konnte ich Julius ablenken und es gab bei der Blutentnahme jetzt weniger Geschrei. Er wollte danach aber nicht aufhören, sondern weiterspielen. Aber ich wollte mit Julius an die frische Luft! Er drehte danach so richtig auf. Er schrie alles zusammen, machte so richtig Theater, weil ich ihm das Handy wegnahm. Ich schnappte ihn und wir gingen in die Dusche am Ende der Station, denn das war der einzige Raum, wo man alleine war und nicht ständig jemand reinkam. Dort ließ ich ihn erst mal schreien und hielt mir die Ohren zu. Das fand er gar nicht toll. Er zerrte an meinen Armen, ich sollte ihm gefälligst zuhören! Es war gerade schwer für uns beide, wir hatten einen Lagerkoller. Ich nahm Julius in die Arme, beruhigte und küsste ihn. „Schatz, jetzt ist aber mal gut." Er beruhigte sich wieder. Ich versuchte ihm zu erklären, dass ich gerne mit ihm eine Runde im Spielzimmer spielen wollte und später auf den Balkon. Danach könnten wir Subway Surfers spielen. „Deal, Mama." Er war einverstanden. Der Konflikt war echt anstrengend, ich konnte ihn ja verstehen, er durfte nicht raus, durfte nicht im Sandkasten spielen und war quasi an sein Zimmer gefesselt.

Später kam dann noch Daniel und setzte sich zu Julius. In der Zeit konnte ich mit meiner Mama und Stefan mal einen Kaffee trinken. Als wir zurückkamen, war Julius knatschig und müde, wollte aber nicht schlafen, „Doctor Snuggles" half uns dann dabei. Als alle bereits nach Hause gefahren waren, legte ich mich zu Julius. Aber schlafen war wirklich schwierig, weil ständig die Tür geöffnet wurde. Ich ging dann zu den Schwestern und wollte fragen, ob heute noch ein Arzt käme und ob wir am nächsten Tag für ein paar Stunden die Station verlassen könnten. „Sie gehen doch von heute bis Sonntag auf Heimaturlaub, zumindest wurde mir das gerade so übergeben. Das müsste aber noch vom Arzt schlussendlich genehmigt werden."

Ich war völlig platt, endlich mal eine gute Nachricht! Um 15.00 Uhr packten wir zusammen und fuhren Richtung Heimat.

Zu Hause angekommen, konnte ich es kaum fassen. Die Zeitspanne war natürlich viel zu kurz für das, was wir uns so vorgenommen hatten. Freitag noch ein Großeinkauf, weil der Kühlschrank ja leer war. Und bei sommerlichen 31 Grad haben wir gegrillt. Ich räumte hier und da noch auf. Wir hatten ja nicht mehr die Möglichkeit dazu gehabt, da wir ja seit dem 29. Mai nicht mehr zu Hause gewesen waren. Unser Wegbleiben war nicht geplant, dementsprechend sah es auch aus. Julius' Spielzeug war noch in der Badewanne, genauso wie wir es hinterlassen hatten. Staub befand sich natürlich auch überall, und meine Vorstellung von Ordnung sah definitiv anders aus. Aber das war jetzt nicht mehr so wichtig. Ich war völlig erschöpft. Eigentlich wir alle. Gegrillt wurde trotzdem, denn nach sieben Tagen Krankenhausfraß konnte ich ein richtiges Stück Fleisch echt gebrauchen. Irgendwann stand ich dann auch mal auf der Waage. In einer Woche hatte ich mehr als drei Kilogramm abgenommen. Jeglicher Stress verschließt meinen Magen, Appetit kenne ich dann nicht.

Tag 9 – Samstag 06.06.2015

Samstagvormittag waren wir auf der Feuerwache. Vorher hatten wir noch Leandro abgeholt. Thomas, mein stellvertretender Amtsleiter, war sofort bei uns. Wir quatschten ein wenig. Dann durften Leandro, Stefan und Julius mit meinem Kollegen Ralf Drehleiter fahren. Währenddessen berichtete ich meinen Chefs erneut von allem, was in den letzten Tagen passiert war und was noch kommen sollte. Danach traf ich auf meine zweite Wachabteilung. Erzählte noch mal alles, was passiert war. Eigentlich war ich sehr gefasst. Nur einmal musste ich mit den Tränen kämpfen.

Als wir nach Hause fuhren, war ich völlig erledigt, nur vom Erzählen. Zu Hause konnte ich den Tiger noch überreden, mit mir eine Stunde die Augen zu schließen. Ich machte mir viele Gedanken und kam nicht wirklich zur Ruhe. Die Gespräche mit Thomas und den anderen gingen mir durch den Kopf. Und als wir nachmittags auf dem Stadtfest waren, hatte ich eine trübe und traurige Stimmung und stand oft kurz davor zu weinen. Eine kleine Unstimmigkeit zwischen Stefan und mir und der lustlose und zickige Leandro gaben mir dann den Rest. Hinter einer großen Sonnenbrille versteckte ich meine Tränen. Und als beide Kinder im Karussell saßen und abgelenkt waren, ließ ich in Stefans Arm alles raus. Bis die Kinder aus ihrem Flieger-Karussell kamen und wieder den Boden berührten, waren alle Tränen getrocknet. Erste oder wichtigste Regel in diesem Albtraum: Vor dem Tiger wird nicht geweint. Das klappte mal mehr, mal weniger gut.

Nach dem Stadtfest waren wir noch bei Silvia und Martin im Garten, Daniel war auch dabei. Die Kinder waren ziemlich frech und hörten schlecht, und Daniel war für mich kaum zu ertragen. Der mit seinem Öko-Trip, wenig Zucker und kaum Fleisch, nur Gemüse. Er erzählte mir, Julius bekomme zu viel Zucker! Wo Daniel doch früher Tonnen von Cola, Schokolade und Dosenfraß in sich reingekippt hatte! Und plötzlich wollte er mir was von gesunder Ernährung erzählen!

Tag 10 – Sonntag 07.06.2015

Am Sonntag gab es noch mal ein Frühstück mit meiner Mutter Elke. Dann mussten wir wieder alle Klamotten zusammenraffen. Dann erst Leandro wegbringen, dann zurück zur Uniklinik. Um 11.30 Uhr waren wir da und mussten wieder warten, bis ein Arzt kam, um Juli abzutasten und abzuhorchen.

Stefan war müde und fuhr schon früh. Plötzlich war er weg. Wie ich das hasste! Aber auch er hatte an dieser Situation schwer zu knacken. Und alle, Familie und Freunde, litten mit. In welcher Form auch immer – und jeder anders.

Manchmal ist einfach die Luft raus. Ich hoffte, dass wir irgendwann wieder ein normales Leben führen könnten. Wobei sich die Frage stellte, was eigentlich normal ist. Aber eins stand fest: Dieser ganze Albtraum würde bestimmt einen großen Einfluss auf unser weiteres Leben nehmen. Es musste sich etwas ändern, es musste einfach!

Tag 11 – Montag 08.06.2015

Warten. Egal worum es ging, ob wichtig oder nicht, immer dieses Warten: Warten auf den Narkosearzt, warten auf die chirurgische Aufklärung, warten auf ein Ergebnis, warten auf jegliche Formen von Blutentnahmen oder Biopsie-Ergebnissen. Warten, warten, warten. Wie ich das hasste!

Heute war Entscheidungstag. Im Fernsehen bekommt man ein oder kein Foto oder viel oder kein Geld, fliegt raus, weil man zu schlecht ist oder den Anforderungen nicht entspricht. Bei uns sah das etwas anders aus. Das Ergebnis der Tumorbiopsie war da, aber es fand sich kein Arzt, der uns dieses mitteilte. Zum Kotzen. Immer wieder ein Auf und Ab. Ich versuchte ruhig zu bleiben. Aber wenn der Weißkittel dann vor einem steht, entgleist einem alles. Es war fast 15.30 Uhr. Seit dem Mittag warteten wir. Und wir mussten auch noch bis 17.00 Uhr warten.

Und es kam noch schlimmer: Wir mussten wieder das Zimmer wechseln. Wir kamen zu einem älteren Jungen aufs Zimmer, der noch schlimmer dran war als Calvin. Er hieß Konstantin und lag nur im Bett, konnte sich nicht mehr bewegen oder aufstehen. Der Papa von Konstantin schlief wohl mit im Zimmer. Nachdem Julius' Bett mit allen Sachen im neuen Zimmer einen Platz gefunden hatte, bekam ich erneut das Gefühl zu ersticken.

Konstantins Eltern zeigten deutlich, dass wir nicht willkommen waren. Stefan half mir bei Julius' Sachen, bis ich plötzlich raus auf

Julius liegt am Fenster der Uniklinik Essen und schaut in die Landschaft.

den Flur rannte und meinen Tränen freien Lauf ließ. Julius war zu diesem Zeitpunkt mit Silvia und Martin im Spielzimmer. Was für ein Glück. Stefan überredete mich, gemeinsam nach draußen zu gehen. Ich rannte sofort los, Stefan kam kaum hinter mir her. Ich weinte und weinte. Es dauerte eine ganze Weile. Stefan hielt mich fest in seinem Arm. „Ich bin so voller Angst", schluchzte ich. „Ich weiß, aber ihr macht das toll", antwortete Stefan.

Irgendwann hatte ich mich beruhigt. Ich ging zurück aufs Zimmer, räumte Julius' Sachen in den Schrank. Meine Klamotten blieben im Koffer, so viel Platz gab es im Schrank nicht. Irgendwann fand sich dann ein Arzt, der Zeit für uns hatte. Nach einer Ewigkeit. Aber es gab dann doch nichts wirklich Neues. Nur die definitive Bestätigung, dass der Tumor an Julius' Herz böse sei. Ich hatte panische Angst, aber ich musste mich zusammenreißen. Ich schaute eine DVD, Julius schlief. Konstantins Papa war raus, Konstantin schien zu schlafen. Doch plötzlich hörte ich ein leises Wimmern und ganz leises Weinen. „Wo ist mein Papa?", weinte der Kleine leise und verzweifelt. „Dein Papa ist mal kurz raus, frische Luft schnappen." „Ich habe solche Angst alleine", sagte er. „Alles ist gut, Konstantin, Julius und ich sind da. Du brauchst keine Angst zu haben, wir lassen dich nicht alleine." Mein Herz wurde ganz schwer, er hatte so große Angst. „Du kannst ruhig schlafen, Konstantin, wir lassen dich nicht alleine." Wieder schwor ich mir, dass ich Julius möglichst nie allein lassen würde.

Tag 12 – Dienstag 09.06.2015

Portimplantation

Im Gegensatz zur letzten OP beziehungsweise Narkose waren wir an diesem Tag sehr früh dran. Ich hatte noch nicht die Zähne geputzt, da stand die Schwester schon mit Hemd und Unterlagen in der Tür. Julius bekam noch schnell seinen Schlumpfsaft in den Po, und dann ging es auch schon los. Durch die endlosen Gänge von der Kinderstation K3 bis zum Operativen Zentrum II. Ein Weg von mindestens 15 Minuten je nach Aufzugslage. Vor der Schleuse mussten wir wieder warten, was Julius nicht lustig fand und lautstark mitteilte.

Da auch ich mittlerweile etwas Routine im Kindabgeben hatte, tat es nicht mehr ganz so weh wie die Male zuvor. Ich ging in die Cafeteria und trank ungefähr vier bis sechs Tassen Kaffee, holte neue Zigaretten. Eigentlich wollte ich mit dem Rauchen aufhören, vielmehr hatte ich das schon, aber jetzt brauchte ich es einfach zwischendurch.

Ich schrieb noch einen Eintrag bei Facebook und bedankte mich für die große Unterstützung und die unzähligen Daumendrücker und Zusprüche. Wir waren nicht alleine mit unserem Schmerz, und das gab mir Kraft.

Um 9.30 Uhr war Julius im Aufwachraum. Müde, schlafend, völlig platt. Als er wach wurde und Schmerzen hatte, bekam er wieder Morphin. Und war dann natürlich noch platter. Er redete kaum. Wollte nicht aufstehen. War sehr blass. Auf Station bekam er Wasser, was schnell wieder rauskam: „Mama, hab kotzen." „Kommt noch was, Julius?", fragte ich. „Nein, Mama, nicht mehr kotzen", gab er zurück. Okay, alles klar.

Um 14.30 Uhr ging es zur Röntgenkontrolle. Die wollten gucken, ob der Port richtig sitzt. Das sollte eigentlich direkt nach der OP stattfinden ... Hatte ja mal wieder gut funktioniert.

Naja, das Bild war fertig, und wir warteten in der Cafeteria auf Stefan. Und der kam mit einer Überraschung: mit dem Bild vom Löschzug Hösel für Julius gedruckt auf einer riesigen Leinwand! Das war einfach nur toll!

Für den Rest des Abends war Julius etwas antriebslos. Aber das war auch verständlich. Er hatte wieder Fieber. Schon das dritte oder vierte Mal. Das war postoperativ nach Portanlage ja leider normal. Als ich ihm beim Umziehen half, kam ich an den Port, es tat mir so unendlich leid, ich musste mich auch noch daran gewöhnen.

Ich hoffte, dass der nächste Tag endlich mal eine neue Entscheidung bringen würde. Ich mochte nicht mehr warten. Es war ein ständiges Auf und Ab von Emotionen und Gefühlen.

Tag 14 – Donnerstag 11.06.2015

Wir waren seit einem Tag daheim. O-Ton Dr. Schündeln, Oberarzt der Kinder-Onkologie: „Warten können Sie auch zu Hause." Wir mussten unser Zimmer im Krankenhaus komplett räumen. Alles mitnehmen. Und wir hatten so unendlich viel dabei! Jeder brachte beim Besuch ja immer was mit. Bis wir alles im Auto hatten, hatte es echt eine Weile gedauert.

Zu Hause hatte ich mehrere Anläufe gebraucht, den Tiger ins Bett zu bekommen. Danach hatte ich erst mal wieder eine Runde geheult. Ich war immer noch nicht aus diesem Albtraum aufgewacht. Die letzten Tage waren so stressig und nervenaufreibend gewesen. Und immer wieder kam diese Angst, ich könnte Julius verlieren. Es wollte immer noch nicht in meinen Kopf. Warum? Warum mein kleiner Mann? Mein kleiner Tiger? Er hatte doch nichts verbrochen! Ich brauchte lange, um mich zu fangen. Julius schlief und bekam davon zum Glück nichts mit.

In den nächsten Tagen machten wir nicht wirklich viel. Ich räumte zu Hause auf, wusch drei Maschinen Wäsche und lief oft wie Falschgeld durch die Wohnung. Julius sah fern oder spielte. Fragte immer wieder „Mama, geht's dir gut?" „Ja, mein Schatz, mir geht es gut", aber das war natürlich voll gelogen.

Julius bekam ich nur in meinem Bett zum Schlafen, wenn ich mich dazulegte. Im Schlaf rief er oft nach mir und hörte erst auf, wenn er meine Hand halten konnte. Er war voll auf mich fixiert, wich kaum von meiner Seite. Ich selbst war morgens genauso kaputt wie vor dem Schlafen. Und die Chemo hatte noch nicht einmal begonnen. Ich wollte endlich aufwachen aus diesem Albtraum!

Sowohl tagsüber als auch nachts waren Julius und ich rund um die Uhr zusammen. Als er mal zwei Stunden bei Silvia und Martin war, damit ich zum Friseur konnte, ging alles gut. Aber als er bei Daniel war, hatte dieser keine Chance. Julius war bockig und zickig. Wenn er nicht seinen Willen bekam, kratzte, biss und spuckte er. Ich saß das zu Hause aus, gab nicht nach. Bis er sich irgendwann heulend und schluchzend in meine Arme warf. Das funktionierte bei Daniel aber leider nicht. Papa hatte es schwer; Julius und ich waren schließlich das Tigerteam.

Tag 19 – Dienstag 16.06.2015

Julius' vierter Geburtstag

Wir feierten Julius' vierten Geburtstag. Wobei niemandem wirklich zum Feiern zumute war, wir machten eher gute Miene zum bösen Spiel. Jeden Tag warteten wir auf den Anruf vom Krankenhaus, um zu erfahren, welcher Feind sich im Körper des kleinen Tigers ausgebreitet hatte. Bösartig wussten wir, groß wussten wir, Metastasen wussten wir, Sarkom vermuteten wir. Aber welcher Krebs es wirklich war, wussten wir bis zu diesem Zeitpunkt nicht. Um 16.00 Uhr rief dann der Oberarzt von der Uniklinik an: Julius' Tumor sei ein bösartiges Ewing-Sarkom. Normalerweise befällt diese Krebsart die Knochen. Da Julius' Knochenscan und Knochenmarksstanze aber unauffällig waren, handelte es sich wohl um einen Weichteiltumor. Das wussten wir aber auch schon. Im Internet gibt es dazu viele Aussagen, die uns mehr Angst machten als halfen.

Was für eine grausame Nachricht am Geburtstag! Der Tiger bekam davon nichts mit und freute sich stattdessen über seine zahlreichen Geschenke. Ich packte abends, als er eine DVD schaute, weinend unseren Koffer. Am nächsten Tag sollten wir ins Krankenhaus zur ersten Chemo.

Tag 20 – Mittwoch 17.06.2015

Wir waren also wieder im Krankenhaus. Es sollte das Chemo-Aufklärungsgespräch stattfinden. Julius bekam vorher aber noch eine neue Portnadel und es wurde Blut abgenommen. Nach diesem Akt war er völlig durch – und ich auch. Er hatte so geweint und geschrien ... Bei mir ging es ohne Tränen. Die kamen bei mir später, dafür doppelt und dreifach. Ich erklärte Julius, wie wichtig sein Porty sei, da ihm dadurch die Nadeln im Arm erspart blieben. „Okay, Mama." Er war so tapfer und fragte nicht weiter.

Das Aufklärungsgespräch war ein weiterer Albtraum. Die Ärzte konnten nicht genau sagen, woher das Sarkom kam. Es sollte sechs Chemo-Zyklen bis etwa Ende des Jahres geben. Dann würde die Operation folgen. Der Tumor musste sich aber vorher erst verkleinern. Danach wieder Chemo und später Strahlentherapie. Zwei Metastasen säßen im schlimmsten Fall in der Lunge. Eventuell müsste eine aggressive Hochdosis Chemo vor der OP stattfinden. Dafür müssten nach dem zweiten normalen Chemo-Zyklus Stammzellen gesammelt werden, die nach einer eventuellen Hochdosis Chemo wieder verabreicht werden könnten. Wenn er das überlebt, wird er wahrscheinlich keine Kinder bekommen können.

Das waren für mich zu viele schlechte Nachrichten; ab einem gewissen Punkt konnte ich einfach nicht mehr zuhören. Julius saß auf meinem Schoß, ich schaukelte ihn hin und her und konnte meine Tränen nur schwer verbergen. Julius schaute mich an: „Mami, nicht traurig sein, ist gar nicht schlimm." Oh mein liebes Kind, du bist ein Gottesgeschenk! Wieso wagt es jemand, dich so leiden zu lassen? Wieso wagt es jemand, uns solche Angst zu machen?

Daniel war bei der Aufklärung stark. Aber als er auf dem Weg zur Arbeit war und noch etwas einkaufen wollte, überkamen auch ihn Tränen und Angst. Er meldete sich für die nächste Dienstschicht krank und fuhr zu seiner Freundin. Das hier überstieg alles, was für einen normalen Menschen zu verkraften war. Ich hatte diesen Albtraum immer noch nicht akzeptiert und wartete immer noch darauf, dass ich aufwachen würde. Woher soll man noch Mut und Hoffnung nehmen, wenn das Einzige, das man über alles liebt, so krank ist und man selbst nichts tun kann?

Tag 21 – Donnerstag 18.06.2015

Erste Chemo

Blutdruck messen und Wiegen waren inzwischen kein Problem mehr. Die neue Herausforderung hieß Ampho Suspension gegen Mundpilz. Sie war orange und schmeckte nicht schlecht. Ich weiß es, weil ich Ampho auch probiert habe. Ich habe in vier Jahren Krebstherapie alle Medikamente von Julius probiert und mich bemüht, sie durch Beifügen von Fanta, Kakao oder Zucker erträglicher für ihn zu machen. Ampho war nichts für Julius. Allein beim Probieren hat er sich so in Rage geschrien, dass er kotzen musste. Und das sollte er viermal am Tag zu sich nehmen? Wie sollten wir das nur schaffen?

Dr. Pentek hatte mir auf meine Bitte hin die CT-Bilder vom Tumor gezeigt ... Ich wollte sie mit eigenen Augen sehen, damit ich nicht weiter hoffte, aus diesem Albtraum aufzuwachen, sondern endlich begriff, was hier wirklich los war. Man muss den Feind sehen, damit man ihn bekämpfen kann. Der Feind war groß. Sehr groß. Aber Dr. Pentek sagte, ein Erwachsener würde mit so einem Tumor beatmet auf der Intensivstation liegen. Julius sei einfach erstaunlich.

Um 11.00 Uhr ging es dann los. Julius' erste Chemo lief an.

Ab diesem Tag bekam Julius sieben Zyklen Chemotherapie. Eigentlich waren nur sechs Zyklen geplant gewesen. Da sich die OP aber verschoben hatte, musste ein siebter Erhaltungszyklus stattfinden. Julius bekam nach jedem Chemo-Zyklus Fieber. Nach jedem einzelnen, weil seine Blutzellen so im Keller waren und sein Körper nicht aus eigener Kraft dagegen ankämpfen konnte. Für jedes Fieber mussten wir ins Krankenhaus. Immer wieder Port anstechen, Blutentnahme, Antibiotika und der ganze andere Scheiß, der gar keinen Spaß machte. Nach dem zweiten Chemo-Zyklus wurden Julius' Stammzellen für eine eventuelle Hochdosis-Chemo entnommen.

Beim zweiten Fieber und vor der dritten Chemo fielen Julius in einer heißen Sommerwoche bei über 30 Grad büschelweise die Haare aus. Sie klebten quasi überall. Wir schnitten sie im Krankenhaus ganz kurz, und an einem Tag zu Hause rasierte ich ihm eine Glatze. Das machte ihm nichts aus. Hatten doch alle Kinder auf der onkologischen Station und sein Kumpel Calvin keine Haare mehr. Ich hätte mir so gerne auch den Kopf rasiert, um Julius zu zeigen, dass es nicht schlimm war, keine Haare zu haben! Aber Stefan und ein Teil meiner Familie waren von dieser Idee überhaupt nicht begeistert. Also ließ ich es.

Wir bekamen mit der Zeit langsam Routine im Klinikalltag. Port legen war und blieb scheiße, durchspülen, Blut abnehmen, Fieber und Blutdruck messen sowie das Wiegen gingen aber dann doch irgendwann ohne Geschrei und Theater. Den Infusionsständer nannte

Trotz seiner Krankheit und der Nebenwirkungen der Behandlungen hatte Julius Spaß am Leben und genoss es, draußen zu toben und zu spielen.

Julius später seinen Freund. Wenn ein Arzt mal Dinge tat, die Julius nicht passten, oder jemand nicht vorsichtig genug war, bekam er direkt einen Rüffel: „Ey, Doktor. Sei vorsichtig. Nicht mein Porty! Lass das sein! Nicht so schnell, nur langsam!" Jeder auf Station liebte ihn für seine direkte Art.

Wir machten einen Deal. Ich log ihn nicht an und war immer ehrlich zu ihm: „Julius, das wird jetzt weh tun." Aber er wusste, dass ich ihn dabei niemals alleine ließ. Er war trotz Tränen immer mega tapfer. Und für jeden schrecklichen Moment gab es eine Belohnung. Die durfte er sich aussuchen: eine DVD, Schokolade, Überraschungseier, ein kleines Auto oder eine Bifi. Eben das, was gerade so angesagt war.

Am 12. November 2015 wurde Julius in der Ruhrlandklinik operiert. Nach der Operation wurde er noch intubiert und beatmet und mit dem Rettungswagen wieder in die Uniklinik Essen auf die Kinderintensivstation verlegt. Bei dieser Fahrt durfte ich ihn trotz meiner Vorkenntnisse nicht begleiten. Er blieb nur eine Nacht auf der Intensivstation, ich schlief in einem Sessel an seiner Seite. Der Schnellschnitt bei der Operation, die sogenannte Probeentnahme im Umfeld des entfernten Tumors, ergab eine R0-Resektion. Das bedeutete, es gab nach Entfernung des Primärtumors keine Tumorreste mehr im umliegenden Gewebe. Vier Wochen nach seiner großen Brust-OP mit kompletter Entfernung der 5. Rippe und Teilentfernung der 4. und 6. Rippe, Thoraxdrainage und etlichen anderen Schläuchen, wurde Julius in gutem Allgemeinzustand am 29. November nach Hause entlassen. Die Chemo, die ambulant verabreicht wurde, begann am 2. Dezember. Wir mussten dafür immer ein paar Tage ins Krankenhaus.

Wir versuchten zu Hause unser normales Leben wieder aufzunehmen und uns wie alle anderen auf die Weihnachtszeit vorzubereiten. Zu Hause tobte Julius trotz OP wie ein Verrückter mit Opa herum und fuhr mit seinem Laufrad oder Rutschauto durch die Wohnung. Nur hüpfen konnte und durfte er leider noch nicht wieder.

Wir machten bei meiner Schwester eine Nikolausfeier, bei der der Nikolaus Julius' Tapferkeit im Krankenhaus lobte. Der kleine kahlköpfige Kerl stellte sich kerzengerade vor den großen Mann im roten Mantel, zog seinen Pullover nach oben, zeigte dem Nikolaus seinen Port und sagte: „Ja, und mein Porty auch." Ich weinte vor Rührung und konnte mich nur schwer beruhigen. Mit wie viel Stolz er dem Nikolaus seinen Porty präsentierte, als wäre er eine Trophäe für Tapferkeit!

Auch die Weihnachtsfeier vom Löschzug Hösel konnten wir in vollen Zügen genießen. Julius tobte und spielte mit den anderen Kindern, kletterte auf Sofas und rannte zwischen den Gästen und Stehtischen hin und her. Niemals hätte man gedacht, dass er eine so große OP hinter sich hatte und so schwer krank war. Die Kinder bekamen ein kleines Geschenk und Julius' Augen leuchteten bei der Übergabe wie alle anderen Kinderaugen. Es war eine schöne Feier.

Weihnachten verbrachten wir im engsten Familienkreis. Natürlich feierte Julius auch bei seinem Papa. Er war absolut glücklich. Mir ging es emotional nicht so gut, es war einfach zu viel: gerade diese große Operation überstanden, die Chemo begonnen und gleichzeitig sollten wir Weihnachten genießen ...

Im neuen Jahr trennte ich mich von Stefan. Ich wusste, dass ich ihm damit das Herz brach, aber meines war so leer ... Er kümmerte sich rührend um uns, doch ich fühlte nichts mehr außer meiner großen Angst um Julius.

Es folgten dann noch sieben weitere Chemozyklen. Da Julius' Ewing-Sarkom gut auf die normale Chemo reagierte, kamen die Ärzte von der Hochdosis-Chemo ab. Um Ostern herum folgten zehn leichte Bestrahlungen der Lunge. Sie sollten die Bildung von neuen Metastasen verhindern. Danach war Julius' Krebstherapie beendet und überstanden. Wir freuten uns eigentlich auf ein neues Leben.

Neues Leben

Eigentlich sollte dann ein neues Leben für uns beginnen. Ein gesundes Leben. Ein krebsfreies Leben. Zumindest hatte ich das gedacht. Nach den harten Monaten der Therapien, Rückschläge, Schmerzen war es irgendwie fast unmöglich, wieder in ein normales Leben zu starten. Wie ging das noch gleich? Ich war müde, erschöpft und leer, mein Kind traumatisiert und noch ohne Haare. Aber wir wollten einen Neuanfang, ein neues Leben. Ein gemeinsames Leben.

Noch während Julius seine letzten Bestrahlungseinheiten bekam, lernte ich über die sozialen Netzwerke einen Mann kennen. Im Arbeitsleben baute er Fenster und Türen ein, doch seine Leidenschaft waren die Musik und das Singen. Über Freunde war er auf uns aufmerksam geworden. Irgendwann schrieb er mich an. Wie sehr er meine Stärke bewundere und es so unfair fände, was meinem kleinen Tiger passierte. Ich hatte schon öfter solche Nachrichten bekommen. Von vielen Menschen. Frauen und Männern. Es gab aber ein paar Herren, die dies als „Anmache" nutzten und beim Schreiben auch relativ schnell auf den Punkt kamen, was sie eigentlich von mir wollten. Gerade als alleinerziehende Mutter und noch dazu als Mutter mit einem schweren Schicksal wird man schnell ausgenutzt.

Ich antwortete dem Musiker. Aber nur, weil ein sehr guter Freund ihn persönlich kannte und mir versicherte, dass der Sänger ein netter und lieber Kerl sei. Wir schrieben uns eine Weile. Er lenkte mich während unserer zähen Tage im Krankenhaus ab. Es fühlte sich gut an, dass jemand Interesse an mir hatte und wissen wollte, wie es mir geht und wie ich mich fühle. Er machte mir viele Komplimente. Während wir schrieben, redete ich mir ständig ein, mich auf gar keinen Fall zu verlieben. Wer würde schon eine Frau mit einem krebskranken Kind wollen? Das würde sich doch niemand freiwillig antun. Irgendwann kam es dann tatsächlich unter dem Vorwand, dass er Julius ein Feuerwehrauto schenken wollte, zu einem Treffen.

Julius mochte ihn auf Anhieb. Der große Sänger wollte unbedingt eine weitere Verabredung. „Dann solltest du aber mal dringend zum Friseur", schrieb ich ihm ganz schön frech. Seine Haare waren relativ lang, bis über die Schultern. Man sah deutlich, dass er länger keinen Hairstylisten mehr besucht hatte. Lange Haare fand ich nicht so toll und dachte aber gleichzeitig, dass er das eh nicht mit sich machen ließe. Aber er ließ sich tatsächlich die Haare abschneiden! Ich war sehr überrascht, aber gestand ihm ein weiteres Date zu. Es passierte, was eigentlich nicht passieren durfte: Ich verliebte mich in ihn. Er sagte das Richtige und tat anfangs auch das Richtige, um mein Herz zu gewinnen. Aber ehrlich gesagt war dies auch nicht allzu schwer. Die letzten Wochen waren hart und anstrengend gewesen. Ich hatte mich von Stefan getrennt, weil ich einfach nur leer war. Doch sehnte ich mich natürlich nach Zuneigung und einem Menschen, bei dem ich mich fallen lassen konnte nach dieser schwierigen Zeit. Aber war dieser Mann „der Richtige"?

Der Sänger wusste nur aus meinen Erzählungen, was wir durchgemacht hatten. „Ich bin für dich und den Tiger da und unterstütze dich, wo ich nur kann!" Das klang alles so schön und unglaublich. Julius mochte ihn, also glaubte ich ihm. Ich ließ mich also auf den Sänger ein. Das Gefühl geliebt zu werden war einfach zu verlockend. Aber Worte waren eben nur Worte und leicht daher gesagt. Hätte ich mal auf meinen Bauch gehört! Der war sich bei diesem Sänger nämlich gar nicht so sicher wie mein Herz. Sechs Wochen später war Julius' Therapie beendet und unsere Beziehung auch. Der Sänger hatte mehr versprochen, als er halten konnte oder wollte. Es tat weh, und ich hatte richtig damit zu kämpfen. Nicht damit, dass mein Herz weh tat, sondern dass ich auf die ganzen Versprechungen und Liebesschwüre reingefallen war. Ich war sauer auf mich selber.

Julius verkraftete den Verlust besser als ich. Ich hatte darauf geachtet, dass der kleine Kämpfer am Anfang dieses Kennenlernens nicht immer mit dabei war. So war er für Julius nur jemand, den wir ein paar Mal getroffen hatten. Julius hatte sein Herz zum Glück nicht an den Sänger verloren.

Ich stürzte mich in meinen dienstlichen Wiedereinstieg, aber nach vier Wochen Einarbeitung fuhr ich mit Julius erst einmal in die Reha nach Bad Oexen.

Die kommende Zeit sollte uns beiden gut tun. Julius' Körper war gestresst und gezeichnet. Sein Brustkorb voller Narben und seine Seele vom Krankenhaus traumatisiert. Seine Taubheitsgefühle in den Füßen waren sehr ausgeprägt und er lief nur auf Zehenspitzen. Er hatte keine Haare, keine Augenbrauen und Wimpern, aber er fand das gar nicht schlimm. Der Tiger war immer noch klein, leicht und schmächtig, aber trotzdem lebensfroh. Mit Hilfe vieler Anwendungen wie Ergotherapie, Krankengymnastik, Musiktherapie und Feinmotorik sollte er wieder Herr seines Körpers werden.

Die Übungen zur Feinmotorik gefielen ihm am besten. Dort musste er aus einer Wanne, gefüllt mit weißen trockenen Bohnen, Gegenstände herausholen. Dazu musste er mit den Händen in der Wanne herumwühlen. Als er alle Gegenstände gefunden hatte, wollte er aber noch lange nicht aufhören. Er setzte sich mitten in die Wanne und wühlte weiter, dieses Mal mit Händen und Füßen gleichzeitig. Das Strahlen in seinem Gesicht berührte mein Herz. Mein Kind hatte Spaß! Julius war eher ein stiller Genießer. Er rief nicht „Ist das toll" oder „Juhu", sondern wurde ganz ruhig, grinste wie ein Honigkuchenpferd und wollte nicht mehr aufhören. Am Ende jeder Stunde sagte er nur zu mir: „Mama, noch mal!" Das Bad in den Bohnen war so beliebt, dass Julius am Ende sogar seinen kleinen süßen Glatzkopf in Bahnen durch die Bohnen zog.

Ich konnte sehen, dass die Anwendungen ihm gut taten. Aber auch für mich stand einiges auf dem Programm. Aufgrund von terminlichen Engpässen und Überschneidungen von Julius' und meinen Anwendungen nahm ich aber vieles für mich nicht wahr. Entspannungsübungen, Gesprächstherapie oder ähnliches waren eh nichts für mich. Dass mein Kind lebte und Spaß hatte, war besser als jede Therapie und heilte ein wenig die Wunden meiner Seele. Wenn Julius in der Oexen-Kita war, gönnte ich mir lediglich ein paar Joggingeinheiten. Aber die taten mir so richtig gut. Beim Laufen schaffe ich es auch heute noch, den Kopf frei zu bekommen. Das Essen hingegen war leider nicht so toll. In vier Wochen Reha nahm Julius 700 Gramm zu und ich 2,5 Kilogramm ab.

Aber es war dort eine ganz besondere Zeit. Wir konnten nach dem Krankenhaustrauma endlich mal wieder durchatmen. Außerdem lernten wir auch ganz tolle Menschen kennen. Mit Katrin, Dina, Ramona und ihren wundervollen Kindern gründeten wir die „Oexenbande". Der Austausch untereinander hat mir damals sehr gut getan und beim Abschalten geholfen. Julius tobte mit den anderen Kids und konnte selbst endlich wieder Kind sein. Auch wenn Julius in der Oexenbande das einzige Kind mit einer Krebserkrankung war, kannten diese tollen Mütter doch sehr gut das Gefühl dieser besonderen Angst, von der das Herz einer Mutter durchflutet wird, weil das Leben des eigenen Kindes bedroht ist. Ihre Kinder waren auch schon früh Dauergäste im Krankenhaus und kämpften und lebten mit Herzfehlern, Krampfanfällen und den zahlreichen Nebenwirkungen von Medikamenten und etlichen Operationen.

Bis heute stehen wir in Kontakt. In Bad Oexen feierten wir alle zusammen Julius' fünften Geburtstag, und auch seine Haare begannen dort wieder zu wachsen.

Zurück von der Reha und wieder vollständig im Einsatzdienst beschloss ich, mir nie wieder das Herz brechen zu lassen. Es war eh schon voller Narben und sehr verletzlich. Niemand sollte sich so einfach wieder in mein Innerstes schleichen. Früher gehörten Liebe und Sex für mich immer zusammen und in eine feste Beziehung. Aber als mich damals meine erste große Liebe und eben auch gleichzeitig der Vater meines Kindes verließ, holte mich die Realität ein. Das Leben ist nicht nur Schwarz oder Weiß, es gibt nicht nur den einen oder den anderen Weg, es gibt dazwischen noch so viel mehr. Man bzw. ich musste mich einfach nur trauen ...

Gewisse Bedürfnisse waren natürlich da. Ich wollte mich auch endlich wieder als Frau fühlen, aber ohne dabei ein gebrochenes Herz zu erleiden. In jenem Jahr ging ich in dieser Hinsicht kein Risiko mehr ein. Ich legte ganz klare Regeln fest: keine Dates – nur Spaß, ohne Verpflichtungen. Auch wenn ich gerne plane, überließ ich diese Zusammenkünfte tatsächlich dem Zufall. Da ich nicht so oft ausging und mir nur wenig Freiräume nahm, waren die Gelegenheiten selten. Aber es gab sie. Ein One-Night-Stand mit völlig Fremden kam dabei für mich aber nicht in Frage. Das Risiko war mir zu groß. Also blieben meine „Zusammenkünfte" im Freundes-, Bekannten- und Kollegenkreis. Zu meiner Sicherheit informierte ich immer einen meiner besten Freunde, wo und mit wem ich mir eine „Auszeit" nahm. Schließlich wartete zu Hause mein Lieblingsmensch auf mich. Jeder Abend blieb ein Abenteuer. Manchmal waren es auch Wiederholungsabenteuer. Aber es half, meine Seele und mein Herz zu heilen. Spätestens am Morgen endeten diese Abenteuer, und ich freute mich auf den einzigen Menschen, den ich bedingungslos liebte und der mir niemals das Herz brechen würde.

Bis heute blieben diese Zusammenkünfte geheim. Niemand sollte davon erfahren, wen ich so nah an mich herangelassen habe. Da war der „Machoman", der in der Zweisamkeit ganz anders war, als alle dachten. Der „große Kerl", der so unglaublich gut küssen konnte, mich auf Händen trug und gerne mehr als nur ein Treffen gehabt hätte. Ein „guter und alter Freund", dem ich voll vertrauen konnte. Der „Wiederholungstäter", bei dem ich wusste, dass ich mich voll und ganz fallen lassen konnte, aber wieder aufgefangen wurde. Der „junge Kerl mit den schönen Augen", der mich nicht nur einmal in seine Arme nahm, bei dem ich aber morgens flüchtete, um mein Herz nicht zu verlieren.

Niemals hätte ich geglaubt, dass ich mit diesem Vorgehen für einige Monate meinen Kummer, meine Angst und meinen Alltag vergessen könnte und einfach nur mal *ich* sein durfte. Der Sänger war mittlerweile vergessen und nur eine Nummer auf meiner Liste.

Diese Männer haben mir unvergessliche Momente geschenkt. Ich bin jedem einzelnen dankbar für diese Zeit, in der ich wieder Kraft tanken konnte. Umso schöner, dass keiner ihre Identität kennt; nur die Männer selbst und ich.

Julius ging wieder in den Kindergarten, hatte Spaß und erholte sich langsam. Er wurde wieder zu meinem geliebten Wirbelwind. Medikamente blieben dem kleinen Mann erspart. Lediglich seine Narben erinnerten uns an diese schwere Zeit. Ich ging wieder arbeiten, fand dort Halt und Sicherheit bei meinen Kollegen. Ein neuer Rhythmus in unserem neuen Leben.

Ich wusste damals noch nicht, dass unser „neues Leben" nur von kurzer Dauer sein würde. Dass meine Auszeiten nicht ausreichen würden, um meine Akkus wieder aufladen zu können für das, was da noch kommen sollte. Dass unsere heile Welt weiter bedroht war. Und dass meine Überzeugung, den Krebs völlig besiegt zu haben, nur ein Traum war. Ich ahnte nicht, dass das, was wir bis jetzt durchgemacht hatten, noch harmlos war im Vergleich zu dem, was noch kommen sollte. Dass ein gebrochenes Herz ein Scheißdreck ist, wenn man bedenkt, welche Ängste noch auf mich warteten und was mein Lieblingsmensch noch alles durchmachen müsste ...

ES ist wieder da

Zu Hause waren Julius und ich irgendwann im neuen Alltag angekommen. Ich ging wieder in Vollzeit bei der Feuerwehr arbeiten, und Julius konnte wieder in die Kita gehen. Unser neues Leben war so schön, dass wir uns schnell wieder daran gewöhnten.

Im Juni hatte Julius seine erste Krebsnachsorge in der onkologischen Kinderambulanz gehabt. Dazu gehörten eine körperliche Untersuchung, Blutdruck, Pulsmessen, EKG, Abhorchen und zum Glück nur ein kleiner Pieks in den Finger für kapilläres Blut. Da Julius mittlerweile mit dem Personal der onkologischen Station und der Ambulanz vertraut war, gab es bei der Untersuchung keine Probleme. Im August sollten dann eine große Blutentnahme und ein CT stattfinden. Julius erholte sich gut, hatte Spaß am Toben, im Sandkasten zu buddeln und hatte auch wieder volles Haar. Lediglich die Taubheitsgefühle in den Füßen und sein Spitzfußgang bereiteten mir Sorgen. Da er aber so viel Spaß an Bewegung hatte, war der Spitzfußgang zunehmend rückläufig.

In der ersten Augustwoche mussten wir für eine große körperliche Untersuchung, ein großes Blutbild und ein Narkoseaufklärungsgespräch wieder in die Uniklinik Essen. Die Blutwerte und die körperliche Untersuchung waren soweit in Ordnung. Am 10. August fand das CT statt, und nur einen Tag später wurden Julius' Bilder in der radiologischen onkologischen Kindersprechstunde mit dem Ärzteteam und den Radiologen in Augenschein genommen. Ich erhielt die Info, dass man sich nur melden würde, wenn bei dieser Besprechung etwas gefunden wird.

Ich hatte am 11. August Dienst, hatte noch mit meinem Kollegen über den Tag davor gesprochen und damit verbunden auch über unser großes Krankenhaustrauma. Ich war sehr nervös, weil ich wusste, dass Julius' Bilder an diesem Tag besprochen werden würden. Mein Kollege versuchte mich aufzuheitern: „Hey Lissi, es wird schon alles gut werden. Mach dir keinen Kopf." Aber es half nicht. Ich schlief in dieser Nacht schlecht. Nach meiner Schicht holte ich Julius von Silvia und Martin ab und brachte ihn in die Kita. Wenn es sich zeitlich einrichten ließ, brachte ich ihn jeden Morgen von dort aus in den Kindergarten, um ihn wenigstens nach meiner Schicht kurz zu sehen.

Es war der 12. August 2016. An diesem Nachmittag sollte eine liebe Kollegin und Freundin heiraten. Wir wollten mit der Wachabteilung natürlich dabei sein. Also beschloss ich, mich noch mal hinzulegen. Ich lag schon im Bett, da klingelte mein Telefon. Auf dem Display erkannte ich die Telefonnummer der onkologischen Klinik. Mein Herz begann zu rasen, und plötzlich war da wieder dieser Druck. Es kostete mich viel Überwindung, das Gespräch entgegenzunehmen. Ohne zu wissen, wer mich da gerade aus der Klinik anrief, hob ich ab und sagte mit heiserer Stimme: „Nein, bitte Gott, nein." Ein Mann antwortete: „Frau Scholten, es tut mir so leid, aber Sie müssen kommen."

Es war der Chef der Kinderonkologie, Prof. Dr. Reinhardt. Er erzählte etwas von einem neuen sichtbaren Tumor, der etwas weiter oben lag, nannte mir sogar irgendeine ungefähre Größenangabe und machte deutlich, dass man sofort handeln müsse. Ich bekam nicht wirklich etwas von dem Telefonat mit. Meine Knie waren weich, es rauschte in meinen Ohren, mein Herz raste, meine Tränen liefen nur so runter und die Angst war zurück. Ich hatte mich noch nicht ganz beruhigt, rief aber schon bei Silvia und Martin an. Ich bat sie, zusammen mit mir Julius aus der Kita zu holen, um dann in die Uniklinik nach Essen zu fahren. Ohne Begleitung und allein mit Julius in die Uniklinik zu fahren, traute ich mir in diesem Moment absolut nicht zu. Beim Abholen von Julius informierte ich die Kita. Auf der Fahrt ins Krankenhaus schrieb ich eine kurze Nachricht in unsere WhatsApp-Familiengruppe. Alle waren geschockt und versprachen, sofort in die Uniklinik nachzukommen. Silvia und Martin spielten mit Julius am Holzschiff im Vorraum der Kinderklinik, um ihn etwas abzulenken.

Daniel war noch nicht da, als mich der Chef der Kinderonkologie in sein Büro führte. Prof. Dr. Reinhardt erzählte mir, dass der Krebs nach nur etwa drei Monaten zurück sei. Ich war blockiert vor lauter Angst und bekam kaum ein Wort heraus. In meinem Kopf herrschte ein Tornado, mein Puls raste so sehr, dass mir das Sprechen schwerfiel. „Wie sieht die Prognose aus?", war die erste Frage, die ich ihm stellte. „Frau Scholten, die Wahrscheinlichkeit, dass ihr Sohn an dieser Krankheit verstirbt, ist höher, als dass er den Krebs besiegt", antwortete er mir ehrlich. Ich sprang auf, schlug mir die Hand vor den Mund, rang nach Luft und hatte das Gefühl zu ersticken. Mein Kind würde sterben!

Wir besprachen, was zu tun war. Der Professor erklärte mir, dass wir eine Therapie versuchen würden, die bei anderen Kindern mit Ewing-Sarkom funktioniert habe. Julius würde erneut Chemotherapie, Hochdosis-Chemotherapie und Bestrahlungen bekommen. Doch zuvor müsste er auch noch operiert werden.

Das war alles zu viel für mich. Daniel war immer noch nicht da, und ich konnte das Ganze irgendwie gerade nicht ertragen. Der Arzt bemerkte das und schlug vor, dass wir alles weitere erst besprechen, wenn auch Daniel da wäre. Ich bedankte mich und rannte aus seinem Büro. Julius spielte fröhlich auf dem Holzschiff. Silvia konnte an meinem Gesichtsausdruck erkennen, dass es keine guten Nachrichten gab.

Plötzlich stand meine Schwester Rebekka vor mir. Sie hatte ihre Arbeitsstelle verlassen und war direkt zur Uniklinik Essen gekommen. Wir fielen uns in die Arme, weinten und schluchzten. „Rebekka, mein

Kind wird sterben. Man wird mir mein einziges Kind wegnehmen!" Ich spürte ihr Nicken und ihr leises Weinen.

Irgendwann war dann auch Julius' Papa da und ich erzählte im kleinen Kreis, was ich gerade vom Professor erfahren hatte.

Am Tag darauf berief ich den Familienrat ein. Im Kreise der allerwichtigsten Menschen erzählte ich, was passiert war und wie Julius' Prognose aussah. Alle waren sprachlos, einige weinten. Wir mussten jetzt zusammenhalten.

In der darauffolgenden Woche gab es ein weiteres Gespräch in der Uniklinik Essen. Die erforderliche Operation sollte am 18. August in der Ruhrlandklinik vom gleichen Ärzteteam durchgeführt werden wie die erste OP im Jahr zuvor.

Am 17. August checkten wir also in der Ruhrlandklinik ein. Wie immer war ich sehr nervös. Zum Glück hatten wir ein großes komfortables Einzelzimmer. Aus organisatorischen Gründen konnte die OP zur Entnahme des Tumors dann doch nicht am 18. August stattfinden und wurde auf den 19. verlegt. Um uns die Zeit ein bisschen zu vertreiben, durften wir das Klinikgelände für wenige Stunden verlassen. Wir fuhren spontan zum Flughafen Essen-Mülheim und hatten dort einen perfekten Ausblick auf den Zeppelin. Julius liebte Luftschiffe, er konnte ihre Geräusche schon lange imitieren. Umso schöner war es zu beobachten, wie sehr er sich freute, dass wir den Zeppelin beobachten konnten. Er wackelte am Zaun und rief aufgeregt: „Guck mal, Mama, da ist die Zeppelingerage!" Noch spannender wurde es, als der Zeppelin herausgeholt wurde: „Mama, Mama, der Zeppelin hängt mit seiner Nase am Lkw!" Eigentlich wollte der Tiger vom Zeppelingelände gar nicht mehr weg und hätte wohl am liebsten dort übernachtet. Opa Raimund hatte ihm aber versprochen, noch mit ihm einkaufen zu gehen, und er durfte sich dort dann etwas aussuchen. Julius entschied sich für ein kleines Set aus der Brio-Holzeisenbahn: eine rote Diesellok mit zwei Waggons. Damit war der Tag für uns beide ein bisschen gerettet.

Julius ließ seine rote Diesellok nicht mehr aus den Augen, sie musste sogar mit in den OP. Nach zwei Stunden Operation kam eine Krankenschwester aus dem Operationssaal und überreichte mir die Diesellok: „Machen Sie sich keine Sorgen, es läuft alles gut, aber ich wollte nicht, dass die Lok wegkommt."

Nach weiteren drei Stunden war die OP beendet und ich durfte zu Julius. Er lag noch im Operationssaal, war aber wach und ansprechbar. Ein Anästhesist und eine Krankenschwester waren bei ihm. Er bekam noch etwas Sauerstoff über eine Maske. Julius war blass und erschöpft, aber lächelte mich an und schob die Maske weg: „Mama, da bist du ja." Ich küsste ihn lange und zärtlich auf die Stirn. Es war so schön, ihn zu sehen, aber sein Anblick war gleichzeitig schwer zu ertragen. Ich lächelte ihn an und drückte ihm vorsichtig seine

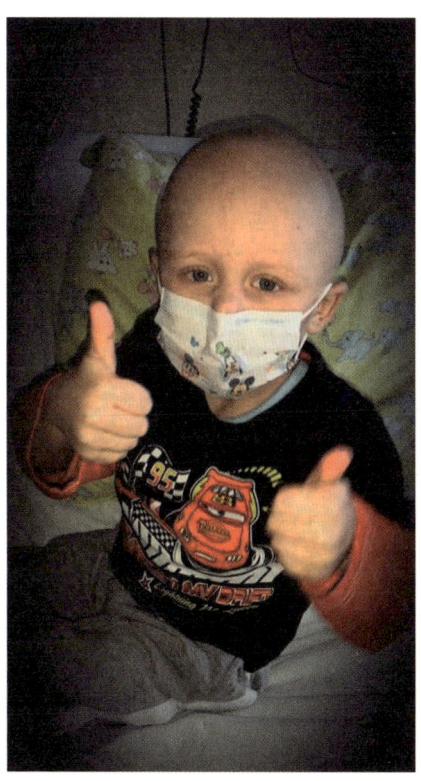

Julius war auch im Krankenhaus meist gut gelaunt.

Diesellok in die Hand. Er strahlte mich an und seine müden Augen funkelten.

Julius wurde dann mit dem Rettungswagen auf die Kinderintensivstation der Uniklinik Essen verlegt. Ich durfte ihn dieses Mal im Rettungswagen begleiten. Es folgten wieder ein paar Tage auf der Kinderintensivstation. Wieder hatte er zahlreiche Schläuche in seinem kleinen Körper. Es dauerte fast drei Tage, bis Julius etwas zu sich nahm. Ich wich in dieser Zeit nicht von seiner Seite, schlief in einem Sessel neben seinem Bett. Zurück auf der Kinderonkologie erholte er sich schnell. Mit dem Rollstuhl zu fahren und bei der Krankengymnastik zu toben gefiel ihm schon wieder richtig gut. Nach 17 Tagen konnte er in gutem medizinischen Zustand nach Hause entlassen werden.

Ab September 2016 erfolgten wieder sechs Chemo-Zyklen. Dieses Mal war die Chemo nicht so hoch toxisch, sodass Julius nebenbei in den Kindergarten gehen durfte. Nur bei einem erhöhten Aufkommen von Ansteckungskrankheiten musste er der Kita fernbleiben. Seine Haare wurden langsam lichter und weniger, bis sie irgendwann wieder weg waren. Das war aber auch dieses Mal kein Problem für ihn. Für Julius war der Umstand, mal wieder keine Haare zu haben, offenbar normal. Wir hatten etliche Mützen und Kappen, sodass er unter zahlreichen Kopfbedeckungen wählen konnte.

Julius war von klein auf großer Zeppelin-Fan. Als zum ersten Mal so ein großes Luftschiff über uns hinwegflog, war er kaum noch zu halten! Fortan mussten wir bei jeder Zeppelin-Sichtung stehen bleiben und winken. Das Geräusch, welches der Zeppelin in der Luft macht, beherrschte Julius später in Perfektion. „Ich kann auch brummen wie einer", freute er sich immer.

Nach den ganzen Therapien war es am 7. Oktober 2016 endlich soweit: Julius' Wunsch ging in Erfüllung, und er flog zum ersten Mal mit einem Zeppelin. Oma Silvia und Opa Martin hatten beschlossen,

Die Erfüllung eines lang gehegten Traums: Julius fliegt zum ersten Mal mit einem Zeppelin.

dass der Tiger endlich mit einem Zeppelin abheben sollte. Sie hatten bei der WDL Luftschiffgesellschaft angerufen und kurzfristig einen Termin für eine Fahrt mit dem Zeppelin ergattern können.

Bevor es richtig losging, bekamen wir noch eine kleine Führung über den Flughafen. Julius konnte sich alle Flugzeuge genau ansehen. Unter anderem stand dort auch ein großes rotes Doppeldeckerflugzeug, der rote Baron. Danach ging es in die Zeppelin-„Garage", wie Julius sie nannte. Sie war wirklich riesig. „Mama, hier schläft der Zeppelin, wenn er müde ist!", rief Julius staunend. Da es auf dieser Fahrt mit dem Zeppelin nur einen Piloten gab und der Platz neben ihm frei war, durfte Julius als Co-Pilot den Zeppelin mitsteuern. Wir flogen über unser Zuhause und konnten von oben sogar Oma Elkes rotes Auto sehen und eine Menge ICEs am Hauptbahnhof. Als wir wieder auf dem Boden waren, gab es für alle noch eine Portion Pommes mit Mayonnaise. Dieser Zeppelinflug war ein besonderes Highlight für Julius, von dem er noch sehr, sehr lange erzählt hat. Wir hatten an diesem Tag für einige Stunden unseren harten Alltag vergessen können.

Die neue Chemotherapie beinhaltete eine große Tablette, die Julius leider nicht schlucken konnte. Sie wurde aufgelöst, schmeckte aber zum Kotzen (ich habe natürlich auch diese Tablette probiert). Deshalb wurde Julius in Sedierung eine Magensonde gelegt. Das Legen der Magensonde war echt scheiße, aber ermöglichte uns später ein bisschen mehr Freiheit und wir hatten keinen Stress mehr bei der Medikamenteneinnahme. Julius brauchte die Magensonde lediglich im Krankenhaus. Bei der venösen Chemotherapie musste er im Bett liegen und überwacht werden. Unsere Bewegungsfreiheit war dementsprechend eingeschränkt. Diese Chemo brachte auch noch besonders viel Übelkeit und Erbrechen. In einem Zyklus musste sich Julius innerhalb einer Stunde fast 15 Mal übergeben. Ich war an diesem Tag kurz davor, die gesamte Therapie abzubrechen. Um die Brechepisoden zu reduzieren, bekam Julius ein dauerhaftes Medikament über seinen „Porty". Dieses Medikament machte ihn so müde und so schlapp, dass er fast jeden Zyklus komplett verschlief. Ich persönlich fand es angenehmer, dass mein Kind diese Therapie verschlief anstatt nur zu kotzen.

Die Klinikaufenthalte waren dieses Mal viel anstrengender und nervenaufreibender. Gleichzeitig hatten wir aber in unserer Zeit zu Hause wesentlich mehr Freiheiten. Julius konnte mit anderen Kindern spielen, in den Kindergarten gehen und im Sandkasten buddeln. Fieber blieb uns zwischen den Chemo-Zyklen zum Glück erspart.

In der ersten Januarwoche des Jahres 2017 bekam Julius einem zusätzlichen Zugang für die Hochdosis-Chemo implantiert, den sogenannten Broviac. Der Vorteil war ein kleines Schlauchsystem mit mehreren Schläuchen. So konnten nicht nur Infusionen und Chemo verabreicht, sondern auch eine Blutentnahme durchgeführt werden, ohne das Kind zusätzlichen Nadelstichen auszusetzen. Julius überstand die Implantation ohne Probleme und war nach einem Tag fit wie ein Turnschuh. Ich häkelte ihm aus bunter Wolle ein kleines Umhängesäckchen, in dem er die kleinen Schläuche, die aus seiner rechten Brust kamen, verstauen konnte. Er nannte ihn liebevoll „mein Brovi".

Ich hatte im Oktober 2016 meine lange Lockenmähne um eine erhebliche Länge reduziert. Die Pflege von Naturlocken erfordert viel Zeit, die ich zu dem Zeitpunkt nicht mehr hatte. Morgens im Bad ging es jetzt richtig schnell. Für den letzten harten Weg hatte ich mir etwas Besonderes ausgedacht. Ich bat meine beste Freundin Diane an einem bestimmten Tag vorbeizukommen. „Aber bring bitte eine Flasche Sekt mit", bat ich sie.

Am 8. Januar gegen 18.00 Uhr stand dann Diane mit zwei Flaschen Sekt vor meiner Tür. „Was hast du jetzt vor?", war natürlich ihre erste Frage. Als Antwort hielt ich ihr meine Haarschneidemaschine hin. „Einmal alles weg, bitte!" Sie strahlte mich an: „Ich habe es gewusst, du bist völlig bekloppt!" Wir kannten uns seit der ersten Klasse, also seit über 30 Jahren, und egal, wie schwer es war, egal, wie hart, wir waren immer „ein Kopf und ein Arsch" gewesen. Unsere Freundschaft hielt allem stand.

Diane legte los, und je mehr Haare sie abschnitt, desto befreiter konnte ich atmen. Endlich konnte ich meinem Kind zeigen, wie wichtig es für mich war. Ich konnte nicht aufhören zu strahlen, es sah einfach nur so toll aus! Julius streichelte mir liebevoll über den Kopf, strahlte mich an und sagte: „Mama, du hast auch keine Haare mehr." Es war ein unbeschreiblich tolles Gefühl.

In der darauffolgenden Woche startete Julius' Hochdosis-Chemo auf der KMT (Klinik für Knochenmarktransplantation) III in der Uniklinik Essen. Geplant war die Verabreichung der Chemo mit anschließender autologer Stammzellentransplantation. Der Tumor sollte durch die Chemo zerstört werden, leider gingen unter der Hochdosis aber auch

Das Tigerteam im „Partnerlook" – wir beide ohne Haare

die Stammzellen kaputt. Deshalb bekam Julius seine eigenen krebs-freien Stammzellen verabreicht, die ihm im Juni 2015 nach dem zwei-ten normalen Chemo-Zyklus entnommen worden waren.

Ich war jeden Tag an seiner Seite, durfte aber nicht bei ihm schla-fen, sondern musste ins sogenannte Elternhaus, in dem die Eltern übernachten, die nicht bei ihren Kindern bleiben können oder dürfen. Damit hatte ich schwer zu kämpfen. Julius' Papa Daniel hatte sich für diese Zeit drei Wochen krankschreiben lassen und war fast jeden Tag bei uns auf der KMT III. Bis auf den Tag, an dem er seine Freundin zur Frau nahm.

Julius konnte die KMT III nach 22 Tagen verlassen. Darauf folgten noch 25 Bestrahlungseinheiten des Brustkorbs im Bereich des Tumorgebiets. Für jede Bestrahlung benötigte Julius eine Sedierung. Wir mussten über einen langen Zeitraum sehr früh aufstehen. Julius durfte dann erst mal wieder nichts essen und nichts trinken, dann kamen wieder so viele

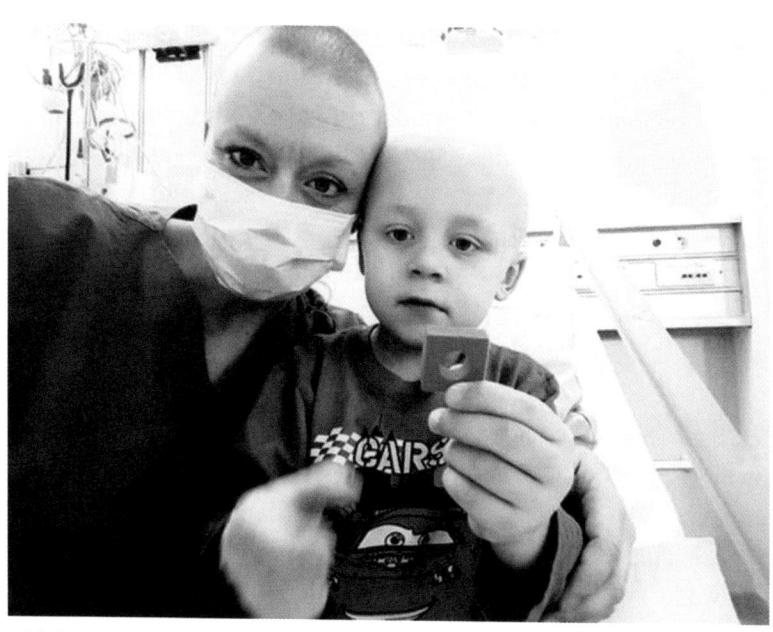

Wir halten zusammen, was immer auch geschieht ...

Weißkittel. Das gefiel ihm überhaupt nicht, und der Raum mit dem Be-strahlungsbogen machte ihm Angst. „Mami, müssen wir noch in den Tunnel?" Jeden Tag zählte ich mit ihm. Noch 20 Mal Tunnel, noch 19 Mal Tunnel, noch 18 Mal Tunnel, ... , noch 10 Mal Tunnel, noch 5 Mal Tunnel. Am letzten Tag sagte ich: „Schatz, heute zum letzten Mal." Dann kam der Oberarzt auf mich zu und sagte: „Frau Scholten, wir müs-sen noch weiter bestrahlen, wir sollten mindestens 50 Gray erreichen."

Ich war total fertig, schließlich hatte ich dem Tiger versprochen, dass dieser Tag der letzte Tag wäre, und jetzt sollten wir doch noch weiter machen. Außerdem war es schockierend für mich zu hören, wie hoch diese Zahl war. Gray gibt Auskunft über die Bestrahlungs-einheit, die ein Tumor braucht, um zerstört zu werden. Normal ist ein Wert zwischen 20 und 70.

Der Oberarzt empfahl uns fünf weitere Bestrahlungstage. In einem emotionalen Gespräch einigten wir uns auf drei Tage. Natürlich war mein Tiger nicht begeistert, noch drei weitere Tage in den Tunnel zu müssen. Die letzten 25 Tage waren für uns beide unglaublich anstrengend gewesen. Aber der Tiger war tapfer und hielt weiter durch. An Tag 28 versprach ich dem Tiger, dass er nie nie wieder in den Tunnel müsste. Es erklärt sich von selbst, dass diese 28 Tage nicht nur emotional schwierig für mich waren, sondern auch unendlich viele Bestechungen erfordert hatten.

Ich war sehr stolz auf mein Kind; darauf, wie es das alles gemeistert und ertragen hatte, und das auch noch ohne zu sagen „Mami, ich will das nicht mehr."

Ich habe ihm nie gesagt, dass er Krebs hat. Diese Tatsache hätte er nicht verstanden. Ich habe ihm stattdessen immer wieder gesagt „Schatz, es ist wichtig, dass wir hier sind, damit du wieder gesund wirst. Ich bin aber immer bei dir und lasse dich nicht alleine, komme, was wolle."

Ich hatte mich nach der ersten Therapieeinheit von Mai 2015 bis April 2016 so sicher gefühlt und war überzeugt, dass wir diesem scheiß Krebs gezeigt hatten, wer hier der Boss ist. Die Rückkehr der Krankheit im August 2016 hatte mir mehr als den Boden unter den Füßen weggezogen. Ich war an diesem Tag ein zweites Mal gestorben. Mein Herz hoffte, dass wir dieses Mal den Krebs besiegen würden, aber mein Bauch sagte mir etwas anderes. Das sollte nie wieder passieren, dass ich so blind in ein Messer laufe. Deswegen fing ich an, mich auf das Schlimmste vorzubereiten und jegliche Maßnahmen der Ärzte sehr kritisch zu hinterfragen.

Bauchgefühl

Ein zweites Mal starteten wir in einen „neuen" Alltag. Ich ging wieder arbeiten, Julius wieder in die Kita. Er wurde in diesem Jahr sechs Jahre alt und war damit für das kommende Schuljahr schulpflichtig.

Auch nach der zweiten Therapieeinheit war Julius körperlich wie emotional traumatisiert. Zudem hatte er sich in den letzten Jahren nicht altersgerecht entwickelt. Er sprach nicht gut, war dünn, klein und schmächtig und steckte immer noch gerne alles in den Mund. Stillsitzen und anderen zuhören oder konzentriert ein Spiel zu spielen fiel ihm schwer und klappte kaum. Und er lief weiterhin nur auf Zehenspitzen. Natürlich musste durch eine Untersuchung seine Schulfähigkeit festgestellt werden. Aber ich wollte ihm das ersparen. Selbst wenn er die Untersuchung „bestanden" hätte, wollte ich ihm auf jeden Fall ermöglichen, ein weiteres Jahr Kind sein zu dürfen. Er hatte meiner Meinung nach auch das Recht dazu, denn im Gegensatz zu einer normalen Kindheit, die im Kindergarten, bei Omas, auf Spielplätzen, bei Freunden usw. stattfand, verbrachte er in seinen jungen Jahren viel Zeit in Krankenhäusern und im Bett. Ich konnte durch Arztbriefe und ein ärztliches Gutachten belegen, dass Julius sich nicht altersgerecht entwickelt hatte und eine Einschulung in seiner jetzigen Phase nicht förderlich für ihn sei. Ich telefonierte mit dem Gesundheitsamt, dem Jugendamt und mit dem Schulamt. Beim Schulamt erklärte ich mein Anliegen dreimal, bevor ich endlich den richtigen Ansprechpartner in der Leitung hatte. „Guten Tag, es geht um meinen Sohn

Julius, er ist bereits zwei Mal an Krebs erkrankt ...", begann ich jedes Telefonat. Es kostete mich viel Kraft und ich musste mich stark zusammenreißen. „Mein Sohn ist sehr stark traumatisiert. Er ist nicht in der Lage, dieses Jahr eine Schule zu besuchen. Ich kann das durch ein ärztliches Gutachten belegen und würde ihm gerne die Schuluntersuchung dieses Jahr ersparen." „Da muss ich meine Kollegin fragen", sagte die zuständige Beamtin. Nach wenigen Sekunden war sie schon wieder zurück am Telefon: „Nein, das geht nicht, Ihr Sohn muss auf jeden Fall vom Gesundheitsamt untersucht werden." Ich legte auf. Sie hatte ihrer Kollegin bestimmt gar nicht erzählt, worum es ging. Ich begann sofort zu weinen.

Bevor Julius untersucht wurde, musste ich ihn tatsächlich bereits an einer Schule anmelden. Bei der Anmeldung berichtete ich der Direktorin, dass ich Julius eigentlich nur gezwungenermaßen hier anmeldete und er, wenn überhaupt, erst im Jahr darauf in die Schule gehen sollte. Ich berichtete ebenfalls von meiner Angst und meiner Befürchtung, dass der Krebs erneut zurückkommen könnte und ich Julius dann definitiv nicht in die Schule lassen würde. „Julius soll noch Zeit haben zu spielen und einfach nur Kind zu sein", erklärte ich ihr. Sie war bestürzt und schockiert, aber auf meiner Seite: „Frau Scholten, sollte das Gesundheitsamt Julius wirklich für schulfähig erklären, werde ich ihn trotzdem zurücksetzen. Ich bin da ganz auf Ihrer Seite und verstehe Sie vollkommen. Wir finden da als Schule schon eine Möglichkeit", versicherte mir die Schuldirektorin. Ich war sehr erleichtert.

Am Tag der Schuluntersuchung hatte ich alle Unterlagen von Julius' Erkrankung und Therapien sowie das ärztliche Gutachten dabei. Ich war sehr nervös und unruhig. Julius hatte nicht wirklich gute Laune. Zudem hatten wir seit der Entlassung aus der KMT III und dem Abschluss der letzten Therapieeinheit einem täglichen Medikamentenplan zu folgen, was sich noch nicht gut eingespielt hatte.

Die Ärztin vom Gesundheitsamt war nett. Ich hatte sie bereits telefonisch vorbereitet. Sie nahm sich viel Zeit, alles in Ruhe durchzuschauen und ließ mich zusätzlich alles noch mal berichten. Sie zeigte Julius dann ein Blatt mit vielen lustigen und traurigen Smileys. Julius sollte die lachenden Gesichter mit einem Stift anzeichnen. Er begann „One, two, three, four, five ...“ „Wow, du kannst ja Englisch“, antwortete die Ärztin überrascht. Julius sollte dann noch einige andere Bilder und Zeichen heraussuchen. Er hatte aber keine Lust mehr. Er zog seine Schuhe aus, kroch vom Stuhl und suchte in einer Kiste, die in der Ecke stand, nach Spielzeug. Die Ärztin versuchte ihn zu überreden, wieder an den Tisch zurückzukehren, sie hätte noch ein paar tolle Blätter für ihn zum Malen. Aber darauf hatte Julius keine Lust. Er antwortete mit einem grimmigen Blick: „Lass mich in Ruhe, ich bin bockig.“ Innerlich lachte ich und war sehr stolz auf ihn. Er ließ sich einfach nichts mehr gefallen. Richtig so!

Julius wurde für „nicht schulfähig“ erklärt und durfte weiter in die Kita gehen. Der Kampf mit der Schule war lästig, aber wir hatten erst einmal gewonnen. Trotzdem hatte ich einen Druck in meiner Brust, wenn ich die ganzen Schulkinder mit ihren Schultüten und Tornistern sah.

Zwei Wege oder: Plan B

Auch wenn ich froh war wieder zu arbeiten, war es nicht mehr so wie früher und fiel mir sehr schwer. Die Arbeit lenkte mich zwar ab, gleichzeitig war ich aber zwiegespalten: Darf ich arbeiten? Ich verpasse doch gemeinsame Zeit mit meinem Kind. Wann kommt der Krebs wieder? Wie lange haben wir noch? Wie lange bleibt mein Sohn noch an meiner Seite?

Jede Nachsorge im Krankenhaus war eine Qual für mich. Julius hingegen verarbeitete das super. Er kannte alle Ärzte und Pfleger genau, wusste, wen er mochte und wem er vertrauen konnte. Ich war ein nervliches Wrack. Schon Tage vor den Untersuchungen konnte ich mich auf der Arbeit kaum konzentrieren. Meine Kollegen beruhigten mich so gut sie konnten. Ich redete mit einigen über meine Ängste. Mit meinem Kollegen und guten Freund Micha sprach ich über meine „zwei Wege". Zwei Wege, die mich seit Wochen nicht mehr losließen.

Der erste Weg war lang: Wir machten weiter die wichtigen Nachsorgen. Julius würde weiter Medikamente nehmen müssen, weil die Hochdosis seine Nieren geschädigt hatte. Aber er würde leben. In den nächsten fünf Jahren müssten wir bei der Entscheidung für diesen Weg immer wieder in längeren Abständen ins Krankenhaus fahren, immer wieder diese Angst haben, ob da wieder etwas ist. Aber irgendwann hätten wir vielleicht eine Chance. Obwohl die Bestrahlung und die Chemo ebenfalls Tumore hervorrufen konnten. Angst, immer wieder Angst. Angst für die ganzen nächsten Jahre. Aber gleichzeitig auch die kleine Chance, dass mein Sohn leben würde.

Der zweite Weg war der, dass der Krebs zurückkam. Und zwar bald. Der Gedanke, mein Kind verlieren zu können, war unerträglich. Aber ich wusste genau, was ich tun würde, sollte der Fall eintreten, dass der Krebs zurückkäme. Dann würde ich auf Plan B zurückgreifen: Es gäbe keine Therapie mehr, keine Chemo, keine Nadeln, kein Krankenhaus. Ich bliebe bei meinem Kind. Wir würden noch viele tolle Dinge machen. Solange man uns ließe. Er würde in meinen Armen sterben und nicht im Krankenhaus. Das waren unsere zwei möglichen Wege.

„Lissi, das ist ein guter Plan. Du hast dir schon viele Gedanken darüber gemacht", antwortete Micha ernst. „Ja, Micha, ich hatte viel Zeit, darüber nachzudenken. Und ich möchte auf alles Schlimme, soweit es geht, vorbereitet sein. Ich möchte nicht mehr so ins offene Messer laufen wie letztes Jahr."

Es war auch Micha, der mir half, über die Organisation Strahlemännchen einen Hubschrauberrundflug für Julius zu organisieren. Der Verein erfüllt krebskranken Kindern ihre besonderen Wünsche. Dafür musste eine E-Mail mit der Krankheitsgeschichte und ein paar Unterlagen eingereicht werden. Ich war aber nicht in der Lage, diese E-Mail selbst zu formulieren. Micha erledigte das für mich und schrieb

Nicht nur für Julius war der Flug im Hubschrauber aufregend!

an den Gründer von Strahlemännchen, Eric Junge, der mich ein paar Tage später anrief. Er hatte etwas organisiert: Kurz vor Julius' sechsten Geburtstag durften wir zusammen vom Flughafen Essen-Mülheim aus Hubschrauber fliegen. Wir drehten eine große Runde über die Kalk-Steinwerke in Wülfrath und über unser Zuhause. Unsere Nachbarin Nicki konnten wir aus dem Fenster mit einem Handtuch winken sehen. „Mama, das war cool", schwärmte der Tiger. Mein Kind so glücklich zu sehen vertrieb meine Angst ein wenig in den Hintergrund.

An einem Wochenende im Oktober machten wir uns mit Opa Raimund auf den Weg nach Hamburg. Für Julius als großen Eisenbahnfan durfte ein Besuch im Miniaturwunderland nicht fehlen. Weil der Tiger auch Flugzeuge so liebte, flogen wir nach Hamburg. Wir schliefen in einer Jugendherberge an den Landungsbrücken. Ich dachte, dass die zahlreichen Züge, Autos, Busse, Lkw und beleuchteten Häuser und Landschaften im Miniaturformat den kleinen Tiger begeistern würden, aber er verliebte sich unsterblich in den Modell-Flughafen und war von dort kaum wegzubekommen. An diesem Wochenende verbrachten wir fast 24 Stunden im Miniaturwunderland. Der Tiger war begeistert!

Es war aber immer noch alles sehr schwer für mich. Ich schlief nachts kaum. Wurde immer wieder wach, sah meinen schlafenden Tiger an. Streichelte ihn und weinte. Wie lange nur, wie lange konnte ich ihn noch streicheln und mit ihm kuscheln? Ich bekam meine Unruhe und Ängste nicht unter Kontrolle. Ich kaufte mir ein Buch: „Kinder sterben anders"*. In diesem Buch erzählen Ärzte, Eltern und Geschwister, wie sie den Verlust eines kleinen Patienten, ihres Kindes oder des Bruders erlebt und miterlebt hatten. Das war sehr schwere Kost für mein Herz, und ich weinte viel beim Lesen. Aber es half mir. Weil auch ein sterbendes Kind zu Wort kommt und genau weiß, was ihm gut tut.

Wenn ich wieder tagelang nicht schlafen konnte und der Druck in meiner Brust wieder zu groß war, redete ich mit mir: „Melissa, du musst dich jetzt beruhigen, atme tief durch. Er ist jetzt noch da. Jetzt ist alles gut. Wenn du dich jetzt so fertig machst, kannst du die tolle Zeit nicht mehr genießen." Es war, als wüsste ich innerlich genau, was mir bevorstehen würde. Mein Bauchgefühl lügt eben nie.

Im Sommer war ich mit meiner Schwester und ihrer Familie in einem Freizeitpark in der Nähe von Stuttgart. Vor diesem Ausflug hatte es wieder eine CT-Aufnahme gegeben und ich rief, während wir den Park besuchten, in der Klinik an, um den Befund zu erfragen. Ich war natürlich den ganzen Tag deswegen schon mehr als angespannt gewesen. Nach dem 20. Versuch erreichte ich endlich jemanden in der Onkologie-Sprechstunde. Man hätte ein paar Pünktchen gesehen, teilte man mir mit. Sie seien sich nicht sicher, was es wäre. Man den-

---

* Uwe Hermann: Kinder sterben anders. Erste Hilfe für Betroffene. Gütersloher Verlagshaus, Gütersloh 1999

In der Jugendherberge schlief Julius zum ersten Mal in einem Hochbett. Unterwegs waren natürlich auch seine liebsten Spielzeugautos dabei, die er eines Abends im Bett aufreihte.

ke aber, es seien Narben bzw. Nachwirkungen von der Bestrahlung im Frühjahr. Für die Ärzte waren es nur Pünktchen, für mich war es die Ursache für einen halben Herzinfarkt. Das Ärzteteam mache sich jetzt nicht allzu große Sorgen, versicherte mir die Ärztin am Telefon. Man sollte in ein paar Wochen einfach noch mal ein CT machen, und dann würde man sehen, was da so los sei. Für die Ärzte war ein CT nichts, aber für uns bedeutete es eine ganze Menge. Und die Angst bzw. die Unsicherheit, bis wir Gewissheit haben würden, fraß mich auf. Auf dem Rückweg vom Freizeitpark kehrten wir bei McDonald's ein. Die Kinder futterten sich durch ihre Happy Meals. Ich saß nur da und versuchte, mir das Weinen zu verkneifen. Meine Schwester sah mich an. Ich sagte: „Rebekka, ich bin so fertig, darf ich sagen: Ich kann nicht mehr!? Immer wieder diese Untersuchungen, immer wieder diese Angst. Das macht mich fertig, und ich weiß nicht mehr, wie ich Julius dazu überreden soll. Ich kann nicht mehr." Sie sah mich direkt an: „Ja, das darfst du. Ihr habt doch alles gemacht. Und wenn es eh keine Konsequenz mehr hätte, wenn Julius' Prognose so schlecht sein sollte, musst du ihm und dir das nicht mehr antun."

Ich dachte noch lange über unser Gespräch nach, weil ich keine vorschnelle Entscheidung treffen wollte. Es ging ja schließlich um Julius und nicht um mich.

Eine Röntgenkontrolle vier Wochen später ließ mich dann aufatmen. Es waren keine Punkte oder Neutumore im Röntgenbild zu sehen. Also waren diese Pünktchen, die die Ärzte gesehen hatten, wohl doch nur Nachwirkungen der Bestrahlung. Ich stimmte von da an trotzdem keinem CT und keiner weiteren Narkose mehr zu. Wir gingen aber weiter zur Nachsorge. Julius' Blut wurde weiter untersucht, aber nur durch einen kapillaren Fingerpieks zur Untersuchung eines normalen Blutbildes. Ein Anstechen seines Portys lehnte ich in der Routinenachsorge ab. Auch die Begründung der Ärzte, man müsste seine Blutwerte kontrollieren, entkräftete ich. Julius nehme regelmäßig seine Medikamente und bei einer Verschlechterung seines medizinischen Zustandes oder Symptomen wie anhaltender Übelkeit, Fieber, Ohnmacht oder Schwäche könnte man den Port immer noch anstechen. Aber nicht einfach nur, weil eine Routine oder eine Studie das so anordnete. Sein Porty wurde danach nie wieder angestochen, begleitete uns aber bis zum Ende, weil er für Julius ein wichtiger Freund geworden war.

Ich einigte mich mit den Ärzten darauf, dass wir nur noch eine Röntgenkontrolle vom Brustkorb machten, denn die war ohne Narkose möglich. Julius war inzwischen sehr geübt und machte das Röntgen mittlerweile auch schon ohne meine Anwesenheit mit. Der Vorteil der Röntgenuntersuchung war: Wenn etwas wachsen würde, würden wir es trotzdem sehen. Auch wenn es keine Therapie mehr gab, konnten wir uns dann auf seinen Zustand vorbereiten. Daniel und ich waren uns bei diesem Prozedere einig. Wobei er ehrlicherweise dabei mal wieder keine große Chance hatte. Schließlich war ich diejenige, die unser Kind und all diese Behandlungen immer 100%ig begleitete. Deshalb hatte ich auch das letzte und entscheidende Wort. Mit der Entscheidung, Julius vor zu vielen Behandlungen, die ihm nicht gut taten, zu bewahren und mit dem Wissen über die zwei möglichen Wege kam ich deutlich besser zurecht. Ich konzentrierte mich jetzt wieder auf mein Kind und unsere gemeinsame Zeit.

Im Sommer 2017 traf ich mich ein paar Mal mit dem Cousin meiner ältesten Freundin. Wir waren uns im Leben immer mal wieder über den Weg gelaufen und hatten uns während Julius' Therapie ein paar Mal geschrieben. Martin war alleinerziehender Vater von zwei Jungs. Wir unternahmen ab und an etwas zusammen, mal mit den Kindern und mal ohne. Dass ich meine Sorgen mit jemandem teilen konnte, machte mich im Alltag und auf der Arbeit entspannter. Halloween 2017 wurden Martin und ich ein Paar. Natürlich war das nicht geplant, und ich wollte eigentlich auch keinen Partner. Aber es fühlte sich gut an. Ich war total verknallt. Martins Jungs waren 12 und 15 Jahre alt. Ich mochte sie sehr, und Julius war verrückt nach den beiden. Das machte es mir wirklich leicht. Wir wurden eine kleine verrückte Patchwork-Familie. Mein Herz tanzte mal wieder. Martin und ich waren allerdings beide sehr charakterstarke Menschen, und es gab manchmal ein paar unterschiedliche Vorstellungen bei der Kindererziehung. Mein Bauch war dabei sehr skeptisch. Aber es fühlte sich doch so gut an. Mal wieder setzte ich mich über mein Bauchgefühl hinweg.

Im Februar 2018 hatten wir eine Nachsorge mit Röntgenkontrolle in der Uniklinik. Das Ergebnis ließ mal wieder auf sich warten. Dann erreichte mich eine Sprachnachricht eines guten Freundes Markus. Mecki, wie er von uns allen genannt wurde, war früher mein Zugführer im Löschzug Hösel gewesen. Er hatte uns während der letzten harten Jahre begleitet und war ein ganz besonderer Freund für mich. Er war quasi mein Bruder, weil ich mich immer auf ihn verlassen konnte. Zu jeder Zeit, Tag und Nacht. Ich konnte seine Nachricht kaum verstehen: „Melissa, ich hatte einen Schlaganfall, nichts ist mehr, wie es mal war." Ich war geschockt: Warum trifft es immer die tollen und lieben Menschen? Ich schickte ihm eine Nachricht, in der ich ihn darum bat, dass er stark sein und bitte nicht aufgeben solle. Er solle kämpfen, ansonsten würde ich ihm heftig in den Hintern treten! Wir redeten immer ehrlich und Klartext miteinander, das war eine der besonderen Eigenschaften unserer Freundschaft, und das liebte ich so daran. Ich versprach, ihn bald zu besuchen.

Nun stand aber erst mal noch unser Röntgenbefund aus. Ich hatte mir das Bild bereits mit der Ärztin angesehen. Es sah anders aus als normal. Aber Julius' Brustkorb war durch die ganzen OPs auch einfach nicht mehr normal. Durch zahlreiche Schläuche, Narben und Verwachsungen konnte kein „normaler" Arzt mehr sagen, was wo hingehörte. „Also, das da sieht aus wie eine Verwachsung, aber genau kann ich Ihnen das natürlich nicht sagen. Das kann nur ein Radiologe", meinte die Ärztin. Die große radiologische Tumorbesprechung war aber wie immer erst am Donnerstag. Also mussten wir mal wieder warten.

Freitags kam kein Anruf. Also wird wohl nix gewesen sein, informierte ich den Rest der Familie, erleichtert darüber, dass wir wieder eine Hürde gemeistert hatten. Wir verbrachten in unserer kleinen Patchwork-Familie ein entspanntes Wochenende. Am Montag fuhr Martin zur Arbeit, die Kinder waren in die Schule. Julius wollte ich in die Kita bringen. Ich weiß nicht mehr, ob ich angerufen habe oder ob mein Telefon klingelte, aber irgendwann hatte ich die Ärztin aus der onkologischen Ambulanz am Telefon. „Frau Scholten, ich hab schon mehrfach versucht, Sie zu erreichen. Ich habe wohl eine falsche Nummer. Es tut mir sehr leid. Metastase, drei mal drei Zentimeter. Es tut mir wirklich so leid."

Es war der 26. Februar 2018. An diesem Tag stand fest, dass mein Tiger den Krebs nicht besiegen konnte. Mein Mama-Herz ist an diesem Tag ein drittes Mal gebrochen.

Warum wir nicht mehr ins Krankenhaus gehen?

Ewing-Sarkom Stadium 4 mit beidseitigen Lungen-Metastasen
im Mai 2015

Therapien insgesamt:
Tumorbiopsie
Knochenmarksstanze
Knochenspinttomographie
Lumbalpunktion
Portimplantation
mehr als 100 Portpunktionen
zwei große Operationen am Brustkorb
Entfernung der 5. Rippe, Teilentfernung der 4. und 6. Rippe
Stammzellenentnahme
20 „normale" Chemos
eine Hochdosis-Chemo
zwei Thoraxdrainagen
zwei Blasenkatheter
zwei Mal arterieller Zugang
zehn Magensonden
38 Bestrahlungen
mehr als 70 Spritzen von Mama verabreicht
mehr als 30 MRTs und CTs
weit über 80 Narkosen
ca. 250 Tage stationärer Aufenthalt im Krankenhaus
unzählbare Ambulanzbesuche

**Wir haben wirklich gekämpft, aber irgendwann ist es an der
Zeit, sich für das Leben zu entscheiden!**

Crazy Cosmos

Wie soll es nur weiter gehen? Ich sehe mich im Spiegel. Atme ein und atme aus, aber fühle mich so leer und tot. Mit Ende dreißig ist meine Seele bereits drei Mal gestorben. Ich bin immer wieder aufgestanden, doch war es jedes Mal schlimmer als das Mal zuvor.

Du musst atmen.
Du musst aufstehen und atmen.
Und du darfst dich auf keinen Fall hängen lassen.

Julius kannte mich so gut. Ich konnte ihm nichts vormachen. Er würde merken, wenn etwas nicht stimmte. Unsere Bindung war so eng, wir waren als Tigerteam so innig miteinander verbunden. Und ich habe ihn nie angelogen. Es ist mir immer sehr wichtig gewesen, ehrlich zu ihm zu sein.

„Mami, gehst du in Ordnung?" Seine Sorge um mich war sehr groß. Er hatte hautnah mitbekommen, wie ich unter der Trennung von seinem Vater gelitten hatte. Wie gebrochen mein Herz war. So oft konnte ich meine Tränen auch im Krankenhaus nicht vor ihm verbergen. Was sollte ich jetzt nur tun?

Die Prognosen der Ärzte hörten sich nicht gut an. Sie gaben dem kleinen Kämpfer nur ein paar Monate.

Ich hatte sofort die Idee, mit dem Tiger eine Kreuzfahrt zu machen. Ihm noch so viel wie möglich zu zeigen. Die Ärzte waren skeptisch:

„Überlegen Sie sich das gut. Was ist, wenn Julius Schmerzen hat, keine Luft mehr bekommt oder gar ins Krankenhaus muss? Die medizinische Versorgung im Ausland ist nicht so gut wie bei uns." Ich hatte den Ärzten bereits mehrfach mitgeteilt, dass mein Sohn nicht mehr in ein Krankenhaus gehen würde. Als zum dritten Mal eine Metastase beim Röntgen gesehen wurde, wollten die zuständigen Ärzte erneut eine Aufnahme dieses beschissenen Ewing-Sarkoms haben: „Wir wollen wissen, wo wir stehen, Frau Scholten."

Ich habe immer wieder gesagt, kommt dieser verdammte Krebs zurück, wird nichts mehr gemacht. Die Prognose war 2016 schon schlecht. Was wollten die denn noch? Das Messer steckte schon so tief in meiner Brust, und das Ärzteteam wollte noch munter drin herum stochern. Außerdem gibt es genug Medikamente gegen Schmerzen oder Sauerstoff bei Atemproblemen. Und egal, wo mein Kind seine letzte Reise antreten wird, es wird ganz sicher nicht in einem Krankenhaus sein. Auf gar keinen Fall. „Es tut mir leid", teilte ich dem Ärzteteam mit, „ich stimme keiner weiteren Röntgenaufnahme mehr zu. Wenn es nicht unbedingt notwendig ist, werden wir kein Krankenhaus mehr betreten." Damit war das Thema Krankenhaus erst mal für uns durch. Wie sollte es jetzt weitergehen? Eigentlich war es ganz klar, mir fehlte nur ein bisschen der Mut, den ersten Schritt zu gehen.

„Schatz, wir geben jetzt Vollgas und rocken alles, was geht. Wir machen alles, was toll ist und Spaß macht. Ich gehe nicht mehr arbeiten und bleibe die ganze Zeit an deiner Seite. Versprochen!"

Drei Tage, nachdem wir erfahren hatten, dass Julius wieder Krebs hat, rief mich die Direktorin seiner Schule an: „Frau Scholten, Sie haben sich noch nicht für den Kennenlerntag in der Schule eingetragen", flötete sie mir freudig ins Ohr. Ach ja, da war ja noch was. Das hatte ich total vergessen. Nachdem Julius im Jahr zuvor zurückgestuft worden war, war er für dieses Jahr automatisch angemeldet und musste laut Schulgesetz auch zur Schule gehen. Ich erklärte der Direktorin, dass Julius erneut an Krebs erkrankt sei und die Schule nicht besuchen würde. Sie war natürlich geschockt. „Das tut mir so unendlich leid, wie machen wir das jetzt? Ich glaube, Sie melden sich einfach, wenn die Behandlung anschlägt und dann schauen wir mal, wie es weitergeht", sagte die Direktorin. Ich hatte schon im Jahr davor sehr offen mit ihr geredet und gesagt, dass mein Sohn bei erneuter Krebserkrankung nicht die Schule besuchen würde. „Es tut mir leid, aber mein Sohn wird Ihre Schule niemals besuchen. Mein Sohn wird an dieser Krebserkrankung versterben", entgegnete ich ihr. Am Ende der Leitung wurde es still. Nicht jeder konnte so gefasst mit diesem Thema umgehen, wie ich es mittlerweile leider gewohnt war. Sie sagte irgendwas von „Es tut mir leid" und „ganz viel Kraft" und legte auf. Das Thema Schule war aber dann noch immer nicht vom Tisch. Das sollte ich in diesem Jahr noch zu spüren bekommen.

Im Februar war Julius' Metastase drei mal drei Zentimeter groß. Eigentlich hatten wir nicht mehr vor, in ein Krankenhaus zu gehen, ich war fest davon überzeugt. Dann bekam der kleine Mann jedoch im März Fieber. Julius' Kinderarzt vermutete eine schwere Lungenentzündung. Zudem hatte Julius Schmerzen unbekannter Ursache und einen schlechten Allgemeinzustand. Aufgrund seiner Vorerkrankung und weil der Kinderarzt eine Lungenentzündung nicht ausschließen konnte, schickte er Julius zur weiteren Untersuchung in die Uniklinik. Ich war völlig fertig, wieder dorthin zu müssen und mein Versprechen zu brechen. Um eine Lungenentzündung ausschließen zu können, musste natürlich eine Röntgenaufnahme gemacht werden. Zum Glück stellte sich heraus, dass es keine Lungenentzündung war. In der Röntgenaufnahme konnte man aber sehen, dass sich die Metastase in vier Wochen auf eine Größe von fünf mal fünf Zentimeter fast verdoppelt hatte. Die zuständige Professorin versuchte noch, mich zu erneuten Bestrahlungseinheiten zu überreden. „Frau Scholten, ich rate Ihnen, dass wir noch mal eine Bestrahlung durchführen, dass nimmt Ihrem Sohn die Schmerzen, und wir gewinnen ein bisschen Zeit." Frau Professor Weißkittel hatte überhaupt keine Ahnung, wovon sie sprach! Zeit gewinnen?! Sie nahm uns Zeit!

Es würde uns zurückwerfen. Die Ärzte bräuchten dafür dann wieder ein CT, was also wieder eine Narkose erforderlich machen würde, und genauso würde auch für jede einzelne Bestrahlung eine Narkose nötig sein. Ich hatte Julius geschworen, dass wir niemals wieder in den „Tunnel" gehen. Wieso hörte mir keiner von diesen Weißkitteln richtig zu?! Wieso musste ich alles immer wieder neu erklären und für unsere gemeinsame krankenhausfreie Zeit kämpfen? Es war einfach nur zum Kotzen!

Ich lehnte weitere Bestrahlungen nach Rücksprache mit Julius' Papa ab. Unsere Kreuzfahrt war für Ende April geplant und sollte, komme was wolle, auch stattfinden. Aufgrund der Panikmache der Ärzte beschloss ich aber, Julius' Geburtstag vom Juni in den April vorzuverlegen. Ich plante so viele Events wie es nur ging, denn Julius sollte noch so viel wie möglich erleben dürfen.

Wir lebten anders! Intensiver, bewusster und manchmal auch verrückter! Wir machten ausschließlich Dinge, auf die wir Lust hatten: bis in die Nacht fernsehen und dann so lange schlafen, bis einer von uns wach wurde. Jeden Tag gab es Wunschkost, und wenn wir dafür drei Mal am Tag zu McDonald's fahren mussten. Wir machten alles, was Julius Spaß machte: Flugzeugen winken, in Pfützen springen, mitten in der Nacht kochen oder Pizza backen. Jeden Sonnenstrahl genossen wir. Über Kleinigkeiten regten wir uns nicht auf. Wir schafften uns unsere eigene kleine Welt, unseren Crazy Cosmos. Wir dachten nicht an morgen, sondern nur ans Heute!

Anfang März fuhren wir mit Martin und den Jungs nach Winterberg zum Schlittenfahren. Da wir im Winter bei uns wenig Schnee hatten, wollte ich dem kleinen Mann noch einmal eine ausreichende Schneelandschaft bieten. Er liebte Schnee und fuhr gerne Schlitten. Doch es kam anders, als wir dachten. Was als Spaß begann, endete im Krankenhaus: Julius brach sich bei seiner ersten Schlittenabfahrt das linke Bein. Die Fahrt war ihm zu schnell, er versuchte mit dem Bein zu stoppen. Dabei wurde das Bein nach hinten gerissen, und er zog sich eine Torsionsfraktur des Schienbeins zu. Er wurde zuerst von der Bergwacht versorgt und dann mit dem Rettungswagen ins Krankenhaus gebracht. Dort erklärte ich den Ärzten kurz und knapp Julius' Diagnose und auch, dass ich aufgrund der wenigen verbleibenden Zeit und des ausgeprägten Traumas meines Sohnes keiner Operation zustimmen würde. Zum Glück standen die Bruchkanten so gut, dass ein zirkulärer Oberschenkelgips völlig ausreichte. Das bedeutete aber auch, dass Julius für die nächste Zeit nicht laufen konnte, sondern getragen werden musste. Aufgrund seiner zahlreichen Chemotherapien waren seine Knochen porös geworden, sodass Julius den Gips länger als üblich tragen musste. Mindestens sechs bis acht Wochen. Wieder einmal verhandelte ich mit den Ärzten. Wir einigten uns auf sechs Wochen, denn dann käme der Gips kurz vor unserer Kreuzfahrt ab.

Anfänglich trug ich Julius viel, hatte aber immer wieder Schmerzen im Rücken und Nacken, denn auf Dauer wurde der kleine Mann mit seinem Gips ganz schön schwer. Ich organisierte einen gebrauchten Rollstuhl für Julius, der von den Kollegen bei der Feuerwehr ordentlich aufgemotzt wurde: Er bekam eine schwarze Lackierung mit rotgelben Flammen. Auf dem Fußtritt befand sich ein Bild von Grisu, dem kleinen Feuerwehr-Drachen, und auf der Rückseite vom Sitz ein kleiner Tiger für meinen Tiger. Das größte Highlight waren aber das Blaulicht mit Martinshorn und die Taschenlampen an den Handgriffen.

Julius lernte den Umgang mit dem Rollstuhl sehr schnell, er fuhr wie ein kleiner Rennfahrer durch unsere Siedlung. Er kannte keine Angst vor Kurven oder Abhängen. „Mama, schau mal, ich bin ganz schnell!" Mir blieb öfter kurz das Herz stehen, aber er war so geschickt und ihm passierte dabei nie etwas. Bald kannte ihn jeder in der Siedlung als den kleinen Rollstuhl-Rennfahrer.

Im März fuhren wir für eine Woche nach Texel. Ich hatte diesen Urlaub bereits gebucht, bevor Julius erneut erkrankte. Diese Reise wurde von der Uniklinik organisiert und von Studenten, Ärzten und Eh-

Julius warm verpackt auf Texel. Hier sitzt er noch in seinem alten Rollstuhl, der neue wurde während des Aufenthalts auf Texel von den Feuerwehrkollegen „aufgemotzt".

renamtlichen begleitet. Wir trafen dort auf zwei weitere Familien, die ebenfalls gegen den Krebs ihrer Kinder kämpften: Philine war 7 Jahre alt und an Leukämie erkrankt, der 17-jährige Jonathan hatte einen Hirntumor.

Es war eine tolle und lustige Woche. Auch Julius' Rollstuhl verhinderte nicht, dass wir einen langen und windigen Spaziergang am Strand machten – den Medizinstudenten Marius und Philip sei Dank. Mit einer Mülltüte über seinem Gips robbte der Tiger auch über den Boden und buddelte im Sand. Schaukeln, eine Kutschfahrt oder eine Schatzsuche – das war alles kein Problem. Irgendwann hatte Julius auch keine Lust mehr, ständig im Rollstuhl zu sitzen. Er stand auf, humpelte mit seinem großen Gips einfach los. Die anderen staunten nur so über seinen starken Willen, mit dem er so vieles schaffte. Mit vielen tollen Eindrücken und noch mehr Sand und Muscheln im Gepäck kehrten wir nach Hause zurück.

Mitte April feierten wir auf der Feuerwache mit unserer Familie, meinen Kollegen der 2. Wachabteilung und Julius' Kindergartenfreunden ein großes vorgezogenes Geburtstagsfest. Dort wurden uns auch die Reiseunterlagen für die geplante Kreuzfahrt überreicht. Die Feuerwehr hatte Spenden gesammelt, um uns diese Kreuzfahrt zu ermöglichen: „Melissa, wir können nicht viel für euch tun, außer die euch noch verbleibende Zeit so schön wie möglich zu machen."

Am 22. April traten wir – Julius, Mama, Papa und Opa Raimund – unsere Kreuzfahrt an. Wir wurden von meinen Kollegen Winni und Rouven mit einem Feuerwehrauto zum Bahnhof gebracht, von dort aus fuhren wir mit dem ICE nach Frankfurt und flogen von da nach Palma. Dort bestiegen wir die „Mein Schiff 5". Für Julius war das ein großes Abenteuer: Mit dem Feuerwehrauto und einem ICE fahren und Flugzeug fliegen – und das alles an einem Tag! Und dann auch noch auf einem riesigen Schiff schlafen! Er kam aus dem Staunen nicht mehr heraus.

Unsere Kreuzfahrt ging durchs Mittelmeer. Wir besuchten Korsika, Rom, Cannes, Nizza, Marseille, Valencia und Barcelona. Neben all diesen tollen Zielen schenkte der kleine Tiger seine Aufmerksamkeit besonders dem Whirlpool auf dem Sonnendeck. Erst zwei Tage vor Antritt der Kreuzfahrt hatte Julius seinen Gips abbekommen; er humpelte noch, konnte sein Bein noch nicht durchstrecken und nur mit Hilfe einigermaßen laufen. Aber er konnte zumindest zum Plantschen ins Wasser. Julius liebte den Pool und besuchte ihn mehrfach täglich. Am dritten Tag stieg er selbstständig aus dem Wasser. Daniel sah mich erstaunt an: „Guck mal, unser Kind kann wieder richtig laufen." Da hatte der Tiger sich mal eben selbst therapiert.

Besonders viel Spaß hatte Julius beim Stopp unserer Kreuzfahrt in Valencia. Dort trafen wir Guido, unseren früheren Tauchlehrer, der vor einigen Jahren nach Spanien ausgewandert war. Mit ihm besuchten wir das Oceànografic. Julius war begeistert von den vielen großen Fischen, Oktopussen, Walen und Haien, die es dort zu sehen gibt. Das war wohl für ihn eines der schönsten Erlebnisse auf dieser Reise.

Am darauffolgenden Tag ging es zurück in die Heimat. Diesmal in umgekehrter Reihenfolge: erst fliegen, dann ICE fahren und dann mit der Feuerwehr nach Hause. In der Heimat angekommen war unsere Liste mit Planungen für zukünftige Unternehmungen voll.

Doch erst mal meldete sich wieder die Schule. Man benötige ein Attest, damit Julius vom Schulunterricht befreit wäre. Immer wieder kam das Thema Hausunterricht auf, doch auch einen Hausunterricht lehnte ich ab. Mein Kind sollte spielen, Spaß haben und einfach tun, worauf es Lust hatte. Dass ein todkrankes Kind nicht die Schule besucht, weil es sterben würde, war bei den Behörden irgendwie nicht vorgesehen. Nach zahlreichen Attesten durch den Kinderarzt gab es dann irgendeine nette Dame beim Schulamt, die endlich Einsehen hatte. Ihr reichte Julius' Patientenverfügung aus, um das Thema Schule für uns endlich zu beenden. Wir konzentrierten uns wieder auf unser wichtigstes Vorhaben „Vollgas geben".

Vollgas

Neben zahlreichen Besuchen in den Kindererlebnisparks Kettlerhof in Haltern und Irrland in Kevelaer hatten wir viele Angebote für andere Ausflüge.

Wir waren mit unserer guten Freundin Mirja bei Roncalli und futterten viel Popcorn, Julius lachte ausgelassen über die Clowns.

Mein Kollege Jens organisierte eine Teilnahme bei *bike4kids* in Düsseldorf. Dort konnten wir mit Biker Rolf in seinem Motorradgespann und mit circa dreitausend anderen Bikern und ihren besonderen Beiwagenbegleitern eine große Runde durch Düsseldorf drehen.

Der Tiger und ich beim Fußballspiel des BVB – unschwer zu erkennen an unserer Fankleidung

Mit Julius' bester Freundin Emily waren wir beim BVB, sie ist ein großer Fan dieses Fußballvereines.

Mit Peter F., einem Kameraden aus dem LZ Hösel, fuhren wir auf seinem roten Traktor.

Guido, mein ehemaliger Chef aus Erkrath, nahm uns auf seinem grünen Traktor mit.

Das Funky Town, ein Indoor-Spielplatz in Ratingen, den Julius immer „Hüpfen" nannte, besuchten wir so oft es ging. Julius kannte sich dort sehr gut aus, kletterte und hüpfte wild herum und fragte auf dem Rückweg immer schon „Mama, fahren wir bald wieder hüpfen?"

An einem heißen Sommertag wollten wir ins Kino. Zusammen mit Julius' Cousinen Hannah und Ronja und mit meiner Schwester. Wir waren total gespannt auf „Jim Knopf". Zu unserer Überraschung hatten wir das Kino ganz für uns alleine und genossen die Vorstellung. Als jedoch die böse Frau Mahlzahn auf der Leinwand erschien, hielten wir uns alle die Augen zu, die war doch sehr lebensecht und furchteinflößend!

Einer von Julius' größten Wünschen war ein erneuter Flug mit dem Zeppelin. Leider gestaltete sich dies etwas schwierig, da unser Flug aufgrund der großen Sommerhitze immer wieder abgesagt wurde – und das insgesamt fünf Mal. Da unsere Zeit bekanntlich begrenzt war, bat ich die Organisation „Wünschewagen" um Hilfe: Die Organisatoren vom „Wünschewagen" schafften es schnell, bei der WDL einen zeitnahen Termin zu bekommen. Am 21. August holten sie uns zu Hause ab und fuhren Julius auf der Krankentrage direkt bis vor die Zeppelingarage. Wir drehten eine große Runde über den Feuerwehrplatz vom LZ Hösel. Claudia, eine liebe Freundin von mir, ließ für uns einen roten Heliumballon vom Feuerwehrplatz aufsteigen, als sie den Zeppelin erblickte. Wir flogen über unser Zuhause und meine Hauptwache. Wir sahen in Essen wieder den Hauptbahnhof mit seinen zahlreichen Zügen. Julius genoss still, aber strahlte übers ganze Gesicht. Als wir wieder festen Boden unter den Füßen hatten, legte er sich ins Gras und schaute zufrieden in den Himmel.

Auf dem Weg nach Hause hatte der Tiger richtig Hunger. Also hielt der Wünschewagen beim Road Stop an, und der Chef spendierte dem kleinen Tiger eine Portion Pommes und Eis.

„Mama, das war so toll. So toll!", freute sich Julius nach dem Zeppelinflug.

Ein kleines bisschen Glück im Alltag: Julius nach dem Zeppelinflug auf der Wiese

Anschließend berichtete der Wünschewagen auf seiner Face-book-Seite über unseren besonderen Flug. Daraufhin wurde die Presse auf uns und unseren Blog aufmerksam. Von dort an hatte ich täglich mehrere Angebote für weitere Unternehmungen.

Mein Kollege Fabian lud uns am 24. September 2018 zu einem Flug in einer Boeing ein. Fabian war hauptberuflich Pilot, fuhr aber manchmal nebenbei bei uns auf dem RTW. Der Flug sollte von Düsseldorf nach Berlin und wieder zurück gehen. Julius war mittlerweile schon mehrfach geflogen und liebte es, besonders wenn er am Fenster sitzen konnte. Fabian holte uns persönlich und vor allen anderen ins Flugzeug. Wir begrüßten den Rest der Crew, und Julius lief im Gang der Maschine mehrfach auf und ab. Wir stellten sogar fest, dass der Tiger perfekt in ein Fach fürs Handgepäck passte: „Mama, kuckuck, schau mal, wo ich bin!" Wir mussten alle laut lachen. „Und wo sind jetzt unsere Plätze?", fragte ich Fabian. „Bei mir natürlich", entgegnete dieser. „Im Cockpit?", fragte ich ihn. Er nickte. Damit hatte ich natürlich nicht gerechnet! Ich ging davon aus, dass wir ganz normal mit allen Passagieren in der Kabine sitzen würden. Es war selbst für mich etwas ganz besonderes, beim Piloten mit im

Cockpit zu sein. So viele Knöpfe, und dann diese tolle Aussicht, einfach nur fantastisch!

In Berlin gab es dann eine weitere Überraschung. Wir wurden vor allen anderen von der Flughafenfeuerwehr abgeholt, durften uns dort alle Fahrzeuge ansehen und Julius' hatte die Gelegenheit mit dem Feuerwehrpanther Wasser abzugeben. Mit einigen Feuerwehrkollegen spielte er danach Tischtennis, und einer teilte mit ihm sein Salamibrötchen.

Auf dem Rückflug hatten wir einen wunderschönen Ausblick über Deutschland bei Nacht. Rückblickend gehört dieser Tag mit zu meinen schönsten Tiger-Erinnerungen.

Bei dem von Katrin Schmidt bzw. der WAZ organisierten McDonald's-Besuch durfte Julius seinen eigenen Burger, den „Tiger Polizeiburger", kreieren. Essen wollte er trotzdem nur seine heißgeliebten Chicken Wings. Für uns sind extra zwei Mitarbeiterinnen gekommen, um uns alles zu zeigen und zu helfen. Wir verließen das Lokal nicht nur glücklich und satt, sondern auch mit Strohhalmen und Holzstäbchen für seine Eisenbahn als Ladegut, einer gelben Sonnenbrille und einer extra Portion Chicken Wings für zu Hause.

Diese und viele weitere Unternehmungen bedeuteten für mich jedes Mal einen großen Aufwand. Ich hatte dabei viel Stress, dachte darüber nach, welche Medikamente wir bräuchten, wie der Transport funktionieren würde und machte mir um einfach alles Gedanken. Ich konnte vor jedem Ausflug kaum schlafen und war nervös. Aber ich wollte Julius schließlich eine Freude bereiten und alles ermöglichen, woran er Spaß hatte. Das war das Wichtigste für mich.

Schon kurz nach Julius' erneuter Krebserkrankung entschloss ich mich dazu, unser Tigerteam zu vergrößern. Im Juni zog die kleine Jack Russell-Hündin Ruby bei uns ein. Ein weiterer Wirbelwind in unserer Familie! Julius schloss die kleine „Gruby", wie er sie nannte, sofort in sein Herz. Er liebte es, mit ihr zu toben, warf ständig irgendwelche Sachen, die sie apportieren sollte. Meistens veranstaltete er daraus aber ein Wettrennen und wollte immer der Erste an den Gegenständen sein. Genauso war es auch beim Spazieren gehen: Ich musste immer haargenau darauf achten, dass Ruby nicht die Erste an der Haustür war, sondern Julius. Ruby bewachte und beschützte Julius vor anderen Menschen und rollte sich auf seiner Bettdecke zusammen, wenn er schlief. Julius sagte immer „Mama, das ist doch meine Gruby." Natürlich hatte er Recht, dass es seine Ruby war. Ich hatte Ruby aber nicht nur geholt, um mein Kind glücklich zu machen. Sie war für etwas anderes bestimmt: Es würde der Tag kommen, an dem Ruby mein Leben retten musste. Ab dem Tag, an dem mein Tiger auf die Reise gehen würde. Der Gedanke, dass diese Wohnung irgendwann still und ruhig sein würde, ließ mich nächtelang nicht schlafen. Und ich hatte Angst, mich nach Julius' Tod völlig zu verlieren und hängen zu lassen. Mit Ruby würde das nicht so leicht passieren. Sie spürte schon früh, wer in unserem Tigerteam zwischendurch Aufmerksamkeit und

Ablenkung brauchte und animierte uns zu Kuschelrunden und Streicheleinheiten.

Julius' Zustand war weiterhin stabil. Aber ab Juni 2018 benötigte er dann doch Schmerzmedikamente. Ihn auf die richtige Morphindosis einzustellen war für das Palliativteam, welches uns ab diesem Zeitpunkt betreute, aber nicht so einfach. Niemand wusste genau, wie viel man ihm verabreichen sollte. Herauszufinden, was ihn aktuell wirklich schmerzte, war auch gar nicht so leicht. Oft projizierte er den Schmerz auf seinen Porty, obwohl dieser zum letzten Mal Monate zuvor angestochen worden war. Auch Rötungen oder Entzündungen konnten dort ausgeschlossen werden. Aber immer wieder sagte er „Mama, mein Porty tut weh, ich brauche ein Pflaster." Zudem wollte er immer eine Wärmflasche auf den Bauch haben. Auch bei 35 Grad.

Er sollte keine Schmerzen haben. Also begannen wir mit den Schmerzmitteln. Durch die Neueinstellung mit Morphin verschlief er fast seinen richtigen siebten Geburtstag am 16. Juni. Die Medikamente hauten ihn komplett um. Aber er war schmerzfrei und äußerte keine Beschwerden mehr. Jeden heißen Sonnentag verbrachten wir draußen bei Martin im Garten. Julius buddelte im Sand und spielte mit seinen Autos. Je nachdem, wie es ihm ging. Aber er schien zufrieden und glücklich zu sein, das bestätigte meine Entscheidung, keine weiteren Therapien mehr zuzulassen. Wir verbrachten einen herrlichen Sommer mit Martin und den Jungs.

Doch zwischen Martin und mir lief es nicht gut. Zu Beginn war ich so glücklich, jemanden zu haben, der mir zuhörte und mich auffing, doch im Laufe der Zeit fühlte ich mich mit ihm zu zweit so allein. „Wo bleiben wir als Paar?", fragte mich Martin. „Wir haben kaum Zeit für uns." Mein Herz zu teilen, kostete mich einfach zu viel Kraft. Seine Vorstellungen vom Leben und unser Crazy Cosmos waren einfach zu unterschiedlich. Ende Oktober 2018 trennten wir uns.

Julius fragte manchmal nach den beiden Jungs, da er sie sehr gern hatte. Er merkte aber gleichzeitig, dass ich jetzt wieder mehr

Zeit für ihn hatte und wesentlich entspannter war als in den Wochen zuvor. Das schien ihm zu genügen und irgendwann fragte er nicht mehr.

„Mami, bin ich noch krank?", fragte Julius jedoch immer öfter. Beim ersten Mal wich ich der Frage aus, wusste ich doch nicht, was ich darauf antworten sollte. Doch das konnte ja keine Lösung sein. Bei der nächsten Frage war ich ehrlich: „Ja, Schatz, du bist noch krank." Krank zu sein bedeutete für ihn erst mal Husten, Schnupfen, Fieber. Natürlich wusste er auch, dass seine Glatze und die vielen Krankenhausaufenthalte damit zusammenhingen. „Aber wir gehen nie wieder ins Krankenhaus. Und ich lasse dich nie alleine, sondern bleibe immer bei dir", antwortete ich wahrheitsgemäß. Er schaute mir dann

Zwei Seiten von Julius – einerseits war er durch seine Krankheit ernster als andere Kinder im gleichen Alter, andererseits war er noch ein kleines Kind, das zur Beruhigung seinen Schnuller brauchte.

immer in die Augen und sagte „Okay, Mama, ich bleib auch immer bei dir da." Das rührte mich oft zu Tränen.

Wir konnten den Krebs nicht besiegen, aber wir machten das Beste aus unserer Situation und nahmen jeden Tag, wie er kam. Wir machten einfach das, worauf wir Lust hatten. Und wenn wir drei Tage hintereinander Bock auf Pizza hatten, dann gab es halt jeden Tag Pizza. Hauptsache „mit ganz ganz ganz viel Salami". Oft belegte der Tiger die auch ganz alleine. Und wenn wir beim Frühstück Hunger auf Chicken Wings hatten, dann gab es halt schon morgens Chicken Wings! Wir aßen das, worauf Julius Lust hatte. Hauptsache, er war glücklich und aß überhaupt. Mehrmals in der Woche fuhren wir natürlich zu unserm Stammlokal McDonald's.

Wenn die Sonne sich hinter Regenwolken versteckte, dann schmissen wir uns in Regensachen. Schlechtes Wetter kannten wir nicht. Julius liebte es, durch Pfützen zu hüpfen, dass es zu allen Seiten nur so spritzte. Wir versuchten, aus jedem Tag das Beste rauszuholen, egal wie er gestartet war.

Wir machten viel Quatsch zusammen, tanzten durch die Wohnung, spielten Fangen, matschten mit Farbe und oder schossen oft viele Quatsch-Selfies. Wenn das Wetter und Julius' Zustand es zuließen, fuhr der kleine Tiger gerne mit seinem Laufrad draußen herum, später auch durch unsere Wohnung. Platz hatten wir genug.

Beim Einkaufen hatte er aber immer besonders viel Spaß. Er half mir beim Leergutsortieren und -wegbringen. Er hatte die Oberaufsicht beim Flascheneinwerfen. Regelmäßig fand sich etwas im Einkaufswagen wieder, was ich natürlich nicht hineingelegt hatte, wie z. B. ein Matchboxauto oder Süßigkeiten.

Sonntags war „Maus-Tag": Beim Schauen der Sendung war er oft kaum zu bremsen. Hüpfen, Kopfstand, Rumrennen. „Mama, ich bin die Maus und du bist der Elefant", rief er lachend.

Wir genossen die
innige Zeit zu zweit.

Um unsere Unternehmungen für immer festzuhalten, nähte ich Julius eine „Tigerdecke", auf der Symbole zu finden waren, die uns an bestimmte Ereignisse erinnerten: Ein Schiff für unsere Kreuzfahrt; ein Flugzeug für die zahlreichen Flüge; Trecker, Bagger, Feuerwerk, ein Chamäleon, Zirkus Roncalli usw. Aber auch Dinge, die er gerne mochte, wie Muffins, Pombären oder seine geliebte Fanta. Julius fand die Decke klasse und kuschelte sich oft hinein. Kuschelstunden gehörten natürlich auch ins tägliche Programm. Aber nachts ganz besonders.

Eines Nachts suchte er meine Hand und flüsterte: „Ach, da bist du, Mama, ich hab dich schon gesucht. Du bist doch mein allerbester Freund." Aussagen wie diese waren so süß und brachen mir gleichzeitig das Herz. Julius schlief immer nur ein, wenn ich seine Hand hielt bzw. er meine. Aber ich fragte mich oft, wie lange ich dies noch tun würde. Das war schwierig für mich und verhinderte meist das Weiterschlafen oder bereitete mir schlimme Träume. Tagsüber konnte ich diese Gedanken zumindest dann verdrängen, wenn Julius mich mit seinen Tobereien oder auch einfach nur bei alltäglichen Ritualen wie dem Zähneputzen auf Trab hielt. Auch hier machte er oft Quatsch. Als ich ihn einmal ermahnte, bekam ich als Antwort: „Aber Mama, ich kann das nicht schnell machen, ich bin doch ein Junge und kein Mädchen!"

Er brachte mich oft zum Lachen. Julius hat mir gezeigt, was im Leben wichtig ist, nämlich die drei „Ls": lieben, leben und locker bleiben.

Es gab auch Tage, an denen Julius mit anderen Familienmitgliedern etwas unternahm, mal ohne mich. Mit seinem Papa fuhr er gerne ICE. Mit Oma und Opa spielte er liebend gern mit seiner ersten Lok, der geliebten Ludmilla, kurz „Milla" genannt. Ganz geschickt überredete er Oma Silvia, mal wieder Kartoffelsalat für ihn zu machen. Doch am liebsten fuhr er mit Oma und Opa zu seinem Lieblingsplatz nach Ratingen: Am Ende der Landebahn des Flughafens gab es eine besondere Stelle, an der man gleichzeitig ICEs beobachten und die Flugzeuge beim Starten und Landen sehen konnte. Sein Interesse galt auch dem A 380, weil er „sooooo groß" war. Dazu gab es dann Fanta und den Kartoffelsalat von Oma.

Ab und an konnte ich ihn auch mal in die Kita schicken, zumindest für eine kurze Zeit. Es freute ihn immer sehr, seine Freunde und Erzieherinnen zu sehen. Wenn ich ihn wieder mit nach Hause nahm, waren seine Schuhe voll mit Sand.

Im Dezember 2018 erlebten wir eine sehr schöne Adventszeit und feierten ein wundervolles Weihnachtsfest. Für mich war dieses Weihachten selbst eines der schönsten Geschenke, die ich jemals bekommen hatte. Waren sich die Ärzte doch einig, dass mein Tiger September 2018 nicht erleben würde. Wir bereiteten unsere Wohnung mit vielen Lichtern und roter Dekoration vor. Julius bastelte auch selbst ein wenig Weihnachtsdeko, natürlich wurde alles in Rot bemalt.

Julius bekam immer sehr viele Päckchen von vielen lieben Menschen, die unserem Blog folgten. Er liebte es, sie auszupacken. Extrem viel auszupacken hatte er aber zur Weihnachtszeit, hier häuften sich die Pakete.

Richtig toll fand Julius das allmorgendliche Öffnen des Adventskalenders. Dieser war etwas ganz Besonderes, Julius' beste Freundin Emily hatte ihn nämlich selbst genäht. Am 1. Dezember war er so aufgeregt, dass er schon früh wach war und mich weckte: „Mama, die Sonne ist wach, der Mond schläft schon. Wir müssen aufstehen." Jeden Morgen gingen wir gemeinsam die Zahlen durch, und er suchte diese dann am Kalender und schnitt den passenden Baum ab.

Gegen Mitte Dezember besuchten wir das Legoland Discovery Centre in Oberhausen. Dort traf Julius auf den Weihnachtsmann und flüsterte ihm seine Wünsche ins Ohr: „Ich wünsche mir einen neuen Zug, eine Diesellok und einen Container-Lkw, hast du das verstanden, Weihnachtsmann?"

Kurz vor Weihnachten ermöglichte uns Daniels Cousin Jan einen wundervollen Nachmittag im Musical „Starlight Express". Ich war das letzte Mal zwanzig Jahre zuvor dort gewesen, und schon damals hatte es mich total begeistert. Mein Papa (mit dem ich damals dort war) hat mir immer wieder, wenn es schwer wurde, gesagt: „Mein Mädchen, du hast die Kraft in dir." Natürlich war ich deswegen besonders gerührt bei diesem Besuch Der Tiger fand die Rennen („10, 9, 8, 7, 6 … und los!") und die Beleuchtung am besten. Natürlich war der ICE seine Lieblingslok. Am Ende war er aber doch ein bisschen müde, das war für ihn ein anstrengender Tag gewesen.

Heiligabend liefen wir in eisiger Kälte und in freudiger Erwartung mit beleuchtetem Rollstuhl zu meiner Schwester. Ich hatte Julius extra besonders herausgeputzt, er trug einen grauen Anzug mit Hemd und Krawatte. Das hielt jedoch nicht lange: „Mama, ich mag das Graue nicht mehr anziehen." Also wurde das Jackett zur Seite geworfen.

Meine Nichten hatten uns allen Tischkarten gemalt: Auf Julius' Karte war ein rotes Rennauto und auf meiner ein Feuerwehrauto. Sie hatten sich sehr viel Mühe gegeben, und das Essen schmeckte dadurch natürlich noch besser.

Das Highlight für die Kids war natürlich das Auspacken der Geschenke. Es gab jedoch nur zwei Päckchen für jedes Kind, die restlichen würden wir nach und nach zu Hause öffnen. Julius freute sich sehr über eine Beladestation für seine Brio-Bahn und ein neues rotes Laufrad, da das alte doch etwas zu klein geworden war. Es war ein rundum schöner und friedlicher Abend im Kreise der Familie, aber wir waren sehr spät im Bett. Nachts war Julius dann auch etwas unruhig und hat wildes Zeug geträumt. Da musste ich plötzlich einen Hai aus unserem Schlafzimmer bzw. aus seinen Träumen verscheuchen. „Hau ab, du blöder Hai!", rief ich mutig in das schwach beleuchtete Schlafzimmer. „Danke, Mama", flüsterte Julius und schlief dann ganz schnell wieder ein.

Silvester schickte der Tiger viele tolle Raketen in den Himmel. „Mama, ist das cool", sagte er mit strahlenden Augen. Natürlich war das cool, obwohl ich wusste, dass es unser letztes gemeinsames Silvester sein würde.

In der ersten Januarwoche musste eine Ultraschallaufnahme gemacht werden. Julius hatte zunehmend über Schmerzen im Bauch geklagt: „Mama, da tut weh", sagte er und zeigte auf seinen linken Bauch. Das Palliativteam wollte eine Flüssigkeitsansammlung im Bauchraum ausschließen und riet uns zu einer Ultraschallaufnahme. Ich hatte kein gutes Gefühl dabei, wieder ein Krankenhaus zu betreten. Da das Uniklinik-Gebäude und auch schon der Weg dorthin für mich emotional kaum zu ertragen waren, organisierte man uns einen Termin in einem anderen Krankenhaus: in dem Krankenhaus, in dem ich selber schon gearbeitet hatte und in dem Julius 2011 zur Welt kam. Nun musste ich ihn auf diesen Besuch vorbereiten, hatte ich meinem Kind doch immer wieder versprochen, dass wir nicht mehr in ein Krankenhaus gehen würden. Bevor wir fuhren, versicherte ich meinem

Sohn: „Schatz, kein Porty pieken, kein Finger pieken, kein Kabel in der Nase." „Mama, haben wir ein Zimmer?", fragte er mit strengem Blick. „Nein, Schatz, wir brauchen kein Zimmer. Wir machen nur ein Foto von deinem Bauch und dann fahren wir wieder nach Hause. Und danach fahren wir zu McDonald's", antworte ich. Julius' Augen leuchteten. Er hob seine Faust „Deal, Mama." „Deal, mein Schatz."

Wir kamen auf der Kinderstation an, und ich stand genau an der gleichen Stelle, an der ich sechseinhalb Jahre zuvor mit Julius' Papa gestanden hatte, als Julius als Neugeborenes im Untersuchungszimmer war und einen Zugang in seinem Kopf bekam. Eine nette Ärztin kam auf uns zu. Sie kannte Julius noch von der Kinderonkologie, dort hatte sie zuvor gearbeitet. Welch ein Zufall. Sie war ruhig und erklärte Julius alles ganz genau. Julius drehte sich nach rechts und nach links und sagte ihr: „Ganz langsam machen." Sie hatte die Chance auf mehrere Aufnahmen. Julius' Tumor war deutlich tastbar und gut sichtbar, er hatte eine Größe von sieben mal acht Zentimetern. Wenn man bedenkt, dass im Februar 2018 die sichtbare Metastase eine Größe von drei mal drei Zentimetern hatte und es jetzt einen sichtbaren Tumor von sieben mal acht Zentimetern gab, war es doch absolut erstaunlich, dass der Tumor erst jetzt eine tastbare Größe erreicht hatte. Hatten die Ärzte uns doch so viel Schlimmeres prognostiziert. Ärzte können einem viel erzählen. Das Schlimmste ist, dass sie mehr Angst machen, als eigentlich nötig ist.

Der kleine Tiger wollte leben, er hatte keinen Bock auf Krankenhäuser, Nadeln, Schläuche in der Nase und Medikamente, von denen er kotzen musste. Er wollte einfach nur Kind sein. Durch seinen Willen und die Möglichkeit, die wir ihm verschafft haben, Kind zu sein, hat er mehr erreicht, als je ein Arzt für möglich gehalten hätte. Das heißt natürlich nicht, dass wir keine Hilfe benötigten. Das Palliativteam kam regelmäßig, um Julius' Allgemeinzustand zu überprüfen und ihn abzuhorchen. „Doktor, du musst erst die Eisenbahn, dann das Flugzeug, und jetzt hier unten am Bein", befahl Julius schelmisch, wenn die Ärztin ihr Stethoskop herausholte. „Darf ich auch an den Bauch?", fragte sie irgendwann. „Ja, aber ganz langsam, hast du verstanden?", fragte Julius sehr direkt. Ohne seine Absicherungen ging es nicht.

Wir lebten und spürten das Leben anders als andere. Lange Schlangen an der Kasse oder Regen wurden uns egal. Wir freuten uns über Lego, Pusteblumen, Schmetterlinge oder Treffen mit Freunden. Wir gaben jedem Tag eine Chance, egal, wie er begann. Es war irgendwie verrückt so zu leben, aber es machte uns zufriedener. In unserer Welt, unserem kleinen, etwas anderen Crazy Cosmos, waren es die kleinen Dinge, die uns glücklich machten, wie zum Beispiel ein einfacher Einkauf von Babybel und Capri-Sun Kirsche. Und das ist auch heute noch so.

Der Krebs bestimmte zwar das Schicksal meines Sohnes, aber wir versuchten, unser Leben selbst zu bestimmen. So gut es eben ging.

Tag 365, 26.02.2019 – Jahrestag

Mein lieber Tiger,

irgendwann kommt der Tag, an dem du uns verlassen musst. Wir haben alles versucht, um dies zu verhindern. Haben gekämpft, gehofft und gebetet. Aber der Feind war stärker. Er hat sich immer wieder in unser Leben geschlichen. Das letzte Mal genau vor einem Jahr!

Und auch, wenn der Krebs nur in DEINEM Körper lebt, hat er mein Leben und mein Herz mit zerstört, weil: Du bist mein Leben, meine Liebe und mein allerbester Freund.

Es gab einen Punkt in meinem Leben, an dem ich nicht mehr weiter wusste (als dein Papa uns verließ). Du hast mich damals gerettet. Du hast mir Halt, Kraft und so viel Liebe gegeben. So entstand unser tolles Tigerteam.

Dann trat irgendwann der Krebs in unser Leben. Und wieder wurde unser Leben, unser Tigerteam auf den Kopf gestellt und von so viel Angst geflutet.

Wir haben alles gegeben und müssen uns am Ende irgendwann doch dem Krebs geschlagen geben. Aber es gibt vieles, was der Krebs uns niemals nehmen wird. Unsere Stärke, unsere Verbundenheit, unser Tigerteam, unseren Crazy Cosmos, unseren Dickkopf, unseren Kampfgeist, unsere Liebe.

Ich habe mit dir an deiner Seite gekämpft, und ich bin so unendlich stolz auf dich. Du bist so ein unglaublicher starker, toller Mensch, mit so viel Kraft und so viel Liebe. Du bist mein Sohn, mein Kind, mein Tiger, mein Kämpfer, mein Vorbild und mein allerbester Freund. Du hast MICH zu einem besseren Menschen gemacht. Dafür bin ich dir auf ewig dankbar. DU WIRST MEIN HERZ NIEMALS VERLASSEN. Egal, was kommt und egal, was auch passiert.

BEDINGINGSLOS nur mit DIR und nur für DICH!
TIGERTEAM FOREVER
Jeder Tag zählt ...

In Liebe,
deine Mami

Darf ich das?

Ich und meine Männer. Ein echt blödes und nicht immer schönes Thema. Es hat oft richtig weh getan. Besonders in den letzten Jahren, seit dieser fucking Krebs in unser Leben getreten ist. Wer will schon eine Frau mit krebskrankem Kind? Es war eine so harte Zeit, wie sollte ein Außenstehender da nur nachempfinden, was bei uns gerade unser tägliches Brot war? Ich wollte jedem glauben, der mit uns kämpfen wollte. Konnte aber auch jeden verstehen, der nicht mehr bleiben wollte. Eigentlich wollte ich ja selber nicht.

Ich habe es immer wieder versucht, aber nie hat eine Beziehung gehalten. „Melissa, such dir mal etwas Vernünftiges", hat meine Schwester mal gesagt. Suchen ist schon mal scheiße. „Melissa, dafür hast du jetzt keine Zeit, du hast jetzt eine andere Aufgabe", riet mir hingegen ein Freund. „Ach, ich darf mich also erst wieder verlieben, wenn mein Kind tot ist?" „So hab ich das nicht gesagt", antwortete er schnell. „Aber du hast es so gemeint", entgegnete ich. Es gab genug Tipps, zahlreiche! Aber das Ergebnis war immer das gleiche: Ein Partner wäre jetzt keine gute Idee. Irgendwann glaubte ich selber fast daran, dass ich mein Herz nicht teilen konnte.

Es war Februar 2019. Eine Espressotasse in meinem WhatsApp-Status mit der Aufschrift „Mrs." mit dickem Kussmund, einem Löffel und einem Schnuller war der Auftakt für einen Chat. „Frisch geschieden?", kam als Antwort auf meinen Status. „Ja, seit vier Jahren, ich wollte dazu nur nicht schreiben, ,Single mit Kind'. Passt aber trotzdem", entgegnete ich. „Das tut mir leid", kam es zurück.

Es war Christoph. Ich kannte ihn sehr gut. Wir hatten 2005 zusammen die Ausbildung bei der Feuerwehr gemacht und auch ein paar Jahre zusammen gearbeitet. Als ich ihn zum ersten Mal sah, war ich von seinen blauen Augen sofort fasziniert. Es war 2004, ich saß mit einem Kollegen im RTW und wir warteten bei einer Brandmeldung auf die erste Rückmeldung durch den Feuerdienst. Christoph kam an das Fenster des RTW, um zu fragen, ob wir schon was gehört hätten, da er nicht eher von seiner Arbeitsstelle losgekommen sei. Er war bereits damals Freiwilliger Feuerwehrmann in Erkrath. Ich konnte damals schon nicht aufhören, in seine blauen Augen zu schauen. Er hatte so lange Wimpern, das war einfach unfassbar! Aber ich war vergeben. Egal, schauen war ja erlaubt.

Im Mai 2005 hatten Christoph und ich dann am Einstellungstest der Feuerwehr Erkrath teilgenommen und diesen beide bestanden. Im Juli 2005 hatten wir die Ausbildung zum Brandmeister in Düsseldorf angetreten. Im Unterricht saßen wir nebeneinander. Wir mochten uns, alberten viel herum und waren bei vielen Übungen ein Team. Christoph war immer gut gelaunt, machte viel Spökes und brachte mich immer wieder zum Lachen. Aber wir waren ja beide in festen Beziehungen.

Nach unserer Ausbildung war unsere Freundschaft auf der Wache etwas Besonderes gewesen. Wir besprachen Dinge miteinander, die man nicht mit jedem bereden konnte. Als mein Freund sich anderweitig beschäftigte, war Christoph einer der Menschen, mit denen ich darüber reden konnte. Auch ich hörte ihm zu, als seine Familienwelt zusammenbrach. Selbst als wir beide die Feuerwehr Erkrath verließen, brach der Kontakt nicht völlig ab. Es war eine besondere Freundschaft, deren Tiefe uns zu diesem Zeitpunkt noch gar nicht bewusst war. Weil sie für mich so besonders war, war es ganz klar, dass Christoph auch bei meiner Hochzeit im Jahre 2009 nicht fehlen durfte.

Wir schrieben uns nur selten über die sozialen Netzwerke. Ich sah, dass er in festen Händen war und freute mich, obwohl es bei mir später gar nicht so gut lief. Die Geschichte über Julius' Erkrankung war auch bei Christoph angekommen. An Tag 116 hatte er uns mit seinen Reptilien besucht: Schlange Banane, Chamäleon Oskar und Bartagame Paul. Es war ein spannender Nachmittag gewesen. Damals hatte mein Herz noch Martin gehört.

Doch das war im Februar 2019 anders. Unsere frühere Vertrautheit war sofort wieder da, als wäre sie nie weg gewesen. Wir schrieben und telefonierten so offen, als wäre unser Kontakt niemals abgebrochen. Es tat so gut, mit jemandem über meine Ängste und über meinen Alltag zu sprechen. Wir trafen uns zuerst ohne Julius. Gingen spazieren, tranken im strahlenden Sonnenschein am Unterbachersee ein Bier und hörten nicht auf zu reden. War er schon immer so gewesen? Ja, ich fühlte mich zu ihm hingezogen. Während er erzählte, hätte ich so gerne seine Hand berührt, hielt mich aber zurück. Wir schrieben jeden Tag Nachrichten, und jede Nachricht von Christoph tat so gut und lenkte mich vom Alltagsstress ab. Aber ... durfte ich das?

Dann besuchte uns Christoph zu Hause. Julius kannte er ja schon. Ich war sehr aufgeregt, aber Julius war wie immer gerade heraus: „Wer bist du? Was machst du? Schau mal hier, mein cooles Auto." Der Tiger brabbelte einfach drauflos, zerrte an Christophs T-Shirt, um ihm zu zeigen, was gerade auf seinem Tablet lief. Ich war in der Küche und musste die ganze Zeit lachen. Dann musste der Tiger für ein großes Geschäft zur Toilette. Ich stand schon in Bereitstellung, aber er wollte nur Christoph mitnehmen, ich durfte nicht mit. Ich war überrascht, das gab es noch nie. „Christoph, es tut mir leid", versuchte ich mich zu entschuldigen. Christoph sah mich mit großen Augen an: „Bist du bekloppt, das war wie ein Ritterschlag, ich durfte das Aa weg machen", flüsterte er mir lachend zu.

Was passierte hier gerade? Das hatte ich bei meinem Tiger so auch noch nie erlebt. Auch wenn Papa in der Nähe war, musste Mama immer mit zum Aa machen. Mein Tiger hatte Christoph sofort in sein Herz geschlossen. Und in mir brodelte es. Ja, ich hatte Gefühle für diesen Mann. Aber durfte ich das? Jetzt, zu diesem Zeitpunkt? Mein Herz hatte sich schon lange entschieden. Und zum ersten Mal waren Herz und Bauch einer Meinung. Und mein Sohn wollte ihn auch.

Mir war egal, was andere sagten.

Karneval gingen wir aus und hatten einen tollen Abend. Julius war seit langer Zeit mal wieder bei Silvia und Martin. Er sollte auch dort schlafen. Das bereitete mir zwar Sorgen, denn wir hatten die letzten Tage und Nächte immer nur zusammen verbracht. Aber ich brauchte auch mal eine Pause. Ich hatte mich so auf diesen Tag gefreut. Nach so langer Zeit mal wieder auszugehen, und dann auch noch mit Christoph, das bedeutete mir viel. Wir tanzten und lachten, wir waren so vertraut miteinander. Christoph kannte an diesem Abend fast jeden, aber es war ja auch eine Feier seiner Feuerwehr. Mich erkannte in meinem Kostüm nicht jeder. Ich war nur irgendeine Polizistin. Ein Kumpel von Christoph fragte, ob wir zusammen wären. Ich sah Christoph an, küsste ihn spontan und sagte „Ach quatsch, wir doch nicht". Christoph wirkte zwar überrumpelt, wehrte sich aber nicht, sondern schaute mir tief in die Augen. Er nahm meine Hand und ließ sie kaum noch los.

Obwohl der Abend so schön war, vermisste ich meinen Tiger sehr. Auch ich war zum ersten Mal seit langer Zeit ohne ihn. Aber Christoph war da. Er hielt mich fest, gab mir Halt. Er redete nicht viel, sondern war einfach nur da. Ich wusste, der Tiger hatte sich schon lange für Christoph entschieden.

Es war alles ganz einfach. Ich musste mein Herz nicht teilen. Es war klar, dass der Tiger meine Nummer Eins war. Aber Christoph war der Mensch, der mein Herz retten konnte. Er liebte uns beide und war immer für uns da. Er sagte es nicht nur, sondern zeigte es auch deutlich. Christoph war es wert, in dieser besonderen Zeit an unserer Seite zu sein. Bis zum Schluss.

Perfect Place Burgholz

Es blieb auch dem Palliativteam nicht verborgen, dass meine Reserven so langsam am Ende waren. Schon im Dezember 2018 legte mir die zuständige Ärztin nahe, doch mal eine Auszeit in einem Hospiz zu nehmen. Ich war zuerst geschockt. Hospiz? Ich wollte doch, dass mein Kind seine letzte Reise zu Hause antreten würde! „Frau Scholten, betrachten Sie das Hospiz eher als Hotel. Sie gehen dorthin, damit sie mal wieder zur Ruhe kommen und Kraft tanken können. Julius wird in dieser Zeit medizinisch und pflegerisch versorgt. Und Sie haben mal wieder Zeit durchzuatmen."

Anfang Dezember rief ich in Burgholz an und vereinbarte bei Frau Hofmann unseren ersten Aufenthalt für die zweite Januarwoche. Zu diesem Zeitpunkt war in Burgholz eine „Do-it-yourself"-Woche. Ich war sehr gespannt auf diesen Aufenthalt, war ich doch ein richtiges „Bastelmonster".

Auch wenn mir der Begriff „Hospiz" zuerst abschreckend erschien, war Burgholz von Beginn an ein ganz wunderbarer Ort für uns. Es gab einen Toberaum für die Kinder, einen Snoezelraum mit einem Wasserbett und blubbernden und leuchtenden Wasserröhren zum Entspannen, ein Bastelzimmer, einen Wellnessbereich mit Sauna und Whirlpool.

In dieser Woche gab es viele kreative Angebote für Eltern. Wir machten Lippenpflegestifte und Handcremes, Pesto und Liköre im Thermomix, individuelle Mindmaps auf Leinwänden und beleuchtete

Bilderrahmen. Ich konnte bei diesem kreativen Programm richtig gut abschalten. Und ich wusste, dass Julius in dieser Zeit gut betreut wurde. Egal, ob es etwas mit Pflege zu tun hatte, Julius zur Toilette musste oder sonstiges. Er konnte klingeln, wurde aber auch übers Babyphon überwacht: „Oh nein, Doktor, die Fanta ist alle, kannst du mal bitte kommen?" Auch Missgeschicke blieben nicht verborgen: „Oho nein, da ist was passiert, ich brauche einen Doktor, die Fanta ist im Bett!", was natürlich alle zum Lachen brachte. Manchmal waren die Kinder auch in der Musiktherapie, zum Basteln oder im Snoezelraum, wo sie es sich beim Hörbuch hören gut gehen ließen.

Beim abendlichen Zusammensitzen kam ich mit anderen Müttern ins Gespräch. Jede dieser Frauen hatte Ähnliches durchgemacht wie Julius und ich. Wobei ihre Kinder zum Teil von Geburt an eine körperliche und/oder geistige Behinderung hatten, Muskelerkrankungen oder Gendefekte. Es gab aber bei allen fast die gleichen Probleme: Ärger mit Behörden, Ämtern, der Schule oder der Krankenkasse. Für besondere Kinder muss man leider auch immer besonders kämpfen. Der Austausch mit diesen Frauen tat unendlich gut. Bis heute besteht eine tiefe und innige Verbindung zwischen Sarah, Joke, Susanna und mir.

Julius und ich schliefen natürlich zusammen auf einem Zimmer. Normalerweise gibt es für Eltern extra Familienzimmer. Doch Julius hatte in den letzten Monaten kaum eine Nacht ohne mich verbracht. Damit wollte ich in Burgholz auch nicht wieder anfangen. Also schlief ich mit ihm in seinem Gästezimmer. Auch die Pflege von Julius übernahm ich in den ersten Tagen noch selber. Ich war es ja von zu Hause so gewohnt. Erst gegen Mitte unseres Aufenthaltes begann ich, die Pflege allmählich dem Pflegeteam zu überlassen.

Eines Tages fragte mich Julius „Mami, ist das hier ein Krankenhaus?" „Schatz, sieht das hier aus wie ein Krankenhaus? Hier gibt es keine Nadeln und keine Infusionen für dich. Hier sind nur nette und freundliche Menschen. Du darfst alles essen, was du möchtest." Seine Antwort war kurz und knapp: „Okay, Mama, wenn du meinst." Ich wusste genau, warum er fragte. Auch wenn Julius keine Infusionen oder ähnliches bekam, gab es hier doch Kinder, die über Schläuche Sauerstoff oder Nahrung bekamen.

Gegen Ende des Aufenthaltes schob mir Frau Wiedemann, die sich mit um die Belegung der Zimmer kümmerte, einen Zettel mit weiteren Möglichkeiten eines Aufenthaltes unter die Nase: „Schauen Sie mal, Frau Scholten, ich habe da mal was für Sie vorbereitet." Da mir der Aufenthalt sehr gut getan hatte und Julius sich hier ebenfalls wohl-fühlte, entschied ich mich sofort für einen weiteren Aufenthalt im März.

Kurz vor unserem nächsten Aufenthalt in Burgholz verschlechterte sich Julius' Zustand rapide. Er war sehr unruhig in der Nacht, schlief kaum. Gegen Morgen sagte er „Mami, mein Bauch tut weh." Ich rief so-fort das Palliativteam an und gab Julius zusätzlich Schmerztropfen. Er kam zur Ruhe, schlief ein wenig, aber sobald er wach war, waren die Schmerzen wieder da. Also rief ich wieder das Palliativteam an. Das Ganze wiederholte sich mehrere Male. Sie versprachen gegen Mittag vorbeizukommen. Es war für mich sehr schwer, mein Kind so leiden zu sehen, und es dauerte eine gefühlte Ewigkeit, bis das Ärzteteam endlich da war. Da es in Schmerzzuständen immer wieder schwierig war, Julius oral Medikamente zu verabreichen, entschloss sich die Ärztin, von Morphintropfen auf ein Schmerzpflaster umzusteigen. Aber zuerst mussten wir die orale Medikation erhöhen, um sie dem Schmerzpflaster anzugleichen. Julius musste ich jetzt alle acht Stun-den statt alle zwölf Stunden Morphintropfen geben. Dafür musste ich ihn sogar morgens um 7.00 Uhr wecken. Die ersten Male fand er das gar nicht toll. Aber er nahm die Tropfen, drehte sich wieder um und schlief weiter. Als das neue Schmerzpflaster endlich geklebt war, hat-te ich die leise Hoffnung, dass es jetzt etwas leichter für den Tiger wer-den würde, da sich die Menge an oraler Schmerzmedikation deutlich reduzierte und nur noch im Bedarfsfall nötig wäre. Nach der schweren Zeit und einer neuen Medikation fuhren wir dann wieder nach Burgholz. Ich hatte die Hoffnung, dass wir dort wieder zur Ruhe kämen. Doch es wurde noch schlimmer. Julius' Zustand verschlechterte sich weiter. Schon am ersten Abend musste er sich mehrfach übergeben. Nach jeder Nahrungsaufnahme kam alles wieder heraus. War das eine Nebenwirkung von seinem Pflaster? Es klebte seit drei Tagen auf seinem Rücken. Auch am zweiten Tag unseres Aufenthaltes erbrach er weiter. Das Pflegeteam informierte das Palliativteam. Julius' Zustand war sehr besorgniserregend. Das Ärzteteam kam nach Burgholz, und erst jetzt kam die zuständige Ärztin auf die Idee, dass Julius unter einem Morphinentzug litt. Ich war sauer und fragte mich ernsthaft, warum das nicht bereits bei der Medikamentenumstellung von Morphin auf Fentanyl berücksichtigt worden war? Schließlich nahm Julius seit mehreren Monaten täglich Morphin ein! Von da an bekam Julius regelmäßig ein paar Tropfen Morphin gegen die Entzugserscheinungen. Ab diesem Zeitpunkt musste er sich nicht mehr übergeben und hatte auch wieder Appetit. Aber sein Zustand war weiter bedenklich. Durch seine Brechepisoden hatte er rapide an Gewicht verloren. Sein Bauch war deutlich schmerzempfindlicher, er war geschwächter und zudem unglaublich blass. Der Tumor war unverkennbar im linken Unterbauch tastbar und Julius' Bauch hatte an Volumen zugenommen. Das Palliativteam legte uns nahe, im Hospiz zu bleiben und es nicht wie geplant nach einer Woche wieder zu verlassen. Sie waren davon überzeugt, dass Julius sich diesen Aufenthalt ausgesucht hatte, um, wie sie sagten, „langsam loszulassen".

Und schon waren da wieder dieser Druck und das Gefühl, nicht mehr atmen zu können. Auch wenn ich schon lange wusste, dass Julius sterben würde, brach es mir das Herz, dass der Abschied unmittelbar bevorstand. Das Pflege- und Familienthemen versicherte mir, dass hier jetzt der beste Platz für uns sei. Wir dürften bleiben, solange es nötig sei.

Mein Plan, dass Julius zu Hause in der Tigerhöhle seine letzte Reise antreten würde, war damit gescheitert. Doch ich erkannte, dass meine Kraft und meine Nerven schon lange ziemlich am Ende waren.

So war dieser Ort in Burgholz wohl doch der richtige Ort für uns, auch wenn ich zuerst nicht davon überzeugt war. Aber hier hatte ich die Möglichkeit, die uns verbleibende Zeit wirklich zu nutzen, ohne zwischen Wasch- und Spülmaschine und den Einkäufen hin und her zu hetzen und am Ende mal wieder die Nerven zu verlieren. Hier wurde mir so viel abgenommen, und ich konnte mich in Ruhe auf das Wichtigste konzentrieren: meinen Tiger.

Die ersten drei Wochen waren sehr schwierig. Mir wurde immer wieder bewusst, dass ich Burgholz ohne meinen Sohn verlassen würde. Jeden Tag mit der Erkenntnis aufzustehen, dass wir dort waren um zu warten, bis Julius bereit war, sich auf den Weg zu machen, war einfach unvorstellbar. Ich war emotional mitgenommen und weinte viel. Christoph war fast täglich bei uns, so wie es sein Dienst eben zuließ. Jedes Mal, wenn er uns besuchte, brachte er etwas mit: Hamburger und Pommes von McDonald's für den Tiger, Cola und Knabbereien für mich. Zwischendurch gab es auch mal ein Lego-Auto oder Schokolade. Das Lego wurde dann gemeinschaftlich zusammengebaut.

Wenn Julius' Papa zu Besuch kam, verschwand ich meistens im Bastelraum. Dort konnte ich am allerbesten abschalten und dieser harten Realität für ein paar Stunden entfliehen. An einigen Tagen spazierte ich mit Christoph durch den Wald, oder wir gingen auswärts essen. Solche Momente konnte ich mir erlauben, weil die Betreuung so gut war. Ich habe später erfahren, dass Julius sich vor mir viel mehr zusammengerissen und angestrengt hat, als wenn ich weg war. Er wollte mir offenbar wenig Schwäche zeigen. Zu Michelle hatte er einmal, als ich nicht dabei war, gesagt: „Ich bin ein Kämpfer."

Manchmal saßen Christoph und ich auch einfach nur da, und ich ließ meinen Tränen freien Lauf. Wir waren erst so kurz zusammen und standen doch vor einer sehr harten Prüfung. Würde unsere Beziehung das überstehen? Irgendwann hörte ich auf, mich das zu fragen und dachte auch nicht mehr daran, warum wir eigentlich hier waren. Ich nahm jeden Tag, wie er kam und versuchte das Beste aus der Situation zu machen.

Von unseren Blog-Lesern bekam Julius viele kleine Päckchen. Mehrmals die Woche kam jemand vom Pflegeteam und sagte „Frau Scholten, da ist wieder ein Päckchen gekommen." Überwiegend mit Lego. Das war für Julius immer eine besondere Freude, damit konnte man den Tiger jedes Mal auf's Neue begeistern. Weil er nicht mehr wirklich in der Lage war, seine Legoprojekte selbst zusammenzubauen, fragte er direkt, wer ihm helfen könne. Und es fand sich immer jemand zum Bauen. Auch bei größeren Projekten saß das Pflegeteam oft vereint im Wohnzimmer und baute Legosteine zusammen. Zwischendurch gab es Anweisungen vom Legocity-Chef: Räder an Fahrzeuge zu montieren war anderen untersagt, das war Chefsache. Julius nannte alle Mitglieder des Pflegepersonals „Doktor". Er wusste, dass wir nicht in einem Krankenhaus waren, aber da immer wieder jemand rein kam, ihm Medizin gab, etwas zu trinken, ihn aus dem Bett holte oder in die Badewanne brachte, war für ihn ganz klar, dass diese Menschen Doktoren sein müssten. Doktor Chrissi ging am liebsten mit Julius baden, sie färbte ihm immer das Wasser mit Brausetabletten rot ein. Beim Bettfertigmachen gab es manchmal Diskussionen. „Hey Tiger, schwing die Kiste", motivierte Chrissi ihn, endlich den Po zu heben, damit sie ihm die Windel anziehen konnte. „Nicht so schnell, ganz langsam, man ey", kam es vom Tiger zurück. Doktor Sandra war die einzige, die es nach Tagen schaffte, dem Kind mal wieder die verschwitzten Haare zu waschen. Dafür wollte Julius auf keinen Fall sein Bett verlassen. Nur kniend im Bett und mit erhöhtem Aufwand ließ er diese Haarreinigung über sich ergehen. Mit Doktor Till diskutierte Julius besonders gerne, vor allem über das Heranschaffen von jeglichen Legofahrzeugen oder den Aufbau neuer Legoprojekte.

An muffigen Tagen wusste jeder, bei Julius' Laune ist noch viel Luft nach oben: „Till, hör auf zu atmen", „Nicht du, der andere Doktor", „Der Küchendoktor muss die Pizza richtig richtig richtig heiß machen, hast du verstanden ... Okay. Danke." Manchmal schmiss der Tiger auch mit seinem Schnuller. Das erste und zum Glück einzige Opfer war Till, der hatte den Schnuller nicht kommen sehen. Jeder wusste bald bei einer gewissen Stimmungslage „Oh, Julius ist gut drauf". Zu weiteren Tigerexperten wurden Lara, Janina, Michelle, Chantal, Andrea und Nora; sie wussten den Dickkopf gut zu händeln. Ich mochte sie alle sehr. Ich wusste noch nicht, dass einer dieser genannten Menschen an meiner Seite stehen würde, wenn mein Tiger unser Team für immer verlassen würde ...

Julius war schon lange nicht mehr der, der er mal gewesen war. Nicht nur sein körperlicher Zustand hatte sich verändert, sondern auch sein Wesen. Er war nicht mehr mein Wirbelwind, der mir Streiche spielte, mich anpupste oder mir die Zunge herausstreckte. Er hatte eine launische und kratzbürstige Stimmung und lachte kaum noch. Das ausgelassene, lustige Kind kam nur noch sehr selten zum Vorschein. Das Schelmische an ihm war verschwunden. Er war nicht mehr so fröhlich wie früher, sein Lachen wirkte oft gekünstelt und nicht echt. Ein Missgeschick von mir, das Verschütten eines Wasserglases im Bett, löste ausnahmsweise mal ein lautes und ehrliches Lachen bei ihm aus: „Mama ist nass!" Wenn ich ihm etwas erklärte, kam als Antwort oft nur ein trockenes „Okay, wenn du meinst." Lediglich sämtliche Mitbringsel oder Päckchen erhellten sein Gesicht und brachten seine Augen zum Leuchten. Doch niemand in Burgholz nahm ihm das übel. Jeder nahm ihn so, wie er war. Alle versuchten ihm jeden Wunsch zu erfüllen. Das Küchendoktorenteam, bestehend aus Barbara, Ida, Yvonne, Marie und Ewa war auf jegliche Gelüste des Tigers vorbereitet. Als „Pommes mit ganz viel Mayonnaise" nicht mehr gewünscht waren und der Mini-Pizza-Appetit groß war, erfolgte die Lieferung aus der Küche prompt und unaufgefordert.

Die Wünsche des Tigers waren zahlreich und manchmal etwas schwierig zu erfüllen. So wünschte er sich den gelben Lego Post-Lkw. Dieses Legoset aus der Reihe Lego City war im normalen Handel nicht mehr zu bekommen. So betrieb Christoph Recherche bei eBay Kleinanzeigen und wurde fündig. Er fuhr 160 Kilometer, um für den Tiger den gelben Lego Post-Lkw zu besorgen. Der Tiger guckte kritisch, als er feststellte, dass das Paket bereits offen war, denn auch das Öffnen jeglicher Verpackungen war eigentlich Chefsache. Christoph erhielt einen bösen Blick, also begann er sich zu erklären: „Schau mal Julius, der gelbe Lego Post-Lkw war echt schwer zu bekommen. Ich hab den von einem netten Jungen, der hat beschlossen, dass du ihn haben kannst. Deshalb ist der Karton leider schon offen. Aber der Lkw ist auf jeden Fall vollständig und gehört jetzt dir." Julius' Blick entspannte sich. Er streckte die Arme aus: „Darf ich mal gucken?" Vergessen war die offene Packung, es ging doch lediglich um den wunderbaren Inhalt. Der gelbe Post-Lkw war fortan Julius' absolutes Lieblingsfahrzeug. Er konnte in keiner Sekunde auf dieses Auto verzichten. Es musste mit auf die Terrasse, zum Baden, aufs Rollbett und zum Essen. Einen Post-Lkw ohne Post fand Julius aber doof. Er machte sich daran, wieder seine Papierkügelchen zu rollen, die mich schon zu Hause so oft um den Verstand gebracht hatten ... Diese Eigenart hatte er sich irgendwann mal angewöhnt: Papiertaschentücher wurden in einzelne Lagen zerlegt und zu kleinen Kugeln gedreht, aber auch Servietten oder, wenn nichts derartiges in der Nähe war, Papier in Streifen gerissen – diese kleinen Kügelchen dienten dann als Ladung für seine zahlreichen Eisenbahnen, Lkw oder sonstigen Transportfahrzeuge. Zudem motivierte Julius Doktor Michelle, Christoph, Lisa vom Familienteam und mich dazu, viele Briefe zu schreiben. Natürlich gab es klare Vorgaben, für wen die Briefe sein sollten: „Für Mama, für Oma und Opa, für Papa, für Estelle, für Emily ..." Während wir fleißig Briefchen schrieben, rollte Julius weiter seine Kügelchen. Er hatte es echt gut drauf, viele Leute zu beschäftigen.

Als es um Ostern so richtig warm wurde, waren wir täglich draußen auf der Terrasse. Auch hier musste natürlich alles mit: Tablet, DVD-Player, ein bis fünf Rennautos, der gelbe Post-Lkw, Krankenwagen, Rettungshubschrauber, Eisenbahn, ICE, Diesellok und natürlich Mini-Pizza Salami, ganz viele Pombären und sein Lieblingsgetränk

Fanta. Wir verbrachten so viel Zeit auf der Terrasse, dass das Pflegepersonal schon neidisch auf meine Sonnenbräune wurde.

Nach Ostern feierte ich im Hospiz meinen 40. Geburtstag. Auch wenn dieser Geburtstag in einem Hospiz stattfand, war es mit einer meiner schönsten und emotionalsten.

Was das Thema Besuche im Hospiz anging, überlegte ich vorher ganz genau, wer wirklich kommen durfte. Julius' schlechter Allgemeinzustand war nicht für jeden gut zu ertragen. Neben der Familie besuchten uns Julius' Freundin Nadine, seine beste Freundin Emily, Svenja und Mercedes mit Leandro und Ruby und mein Kumpel Mecki. Meckis Besuch war für mich etwas ganz Besonderes. Seit seinem Schlaganfall ungefähr ein Jahr zuvor hatte er sich hart ins Leben zurückgekämpft. Als er uns besuchte, war es also quasi ein Treffen unter Kämpfern. Mecki und Julius verstanden sich sehr gut. Wir waren schon oft zusammen Eis essen gegangen und auch mal gemeinsam auf dem Spielplatz gewesen. Mecki schenkte Julius einen orangefarbenen Porsche. Beide waren nämlich große Fans von Rennautos. Julius sah Mecki in die Augen und sagte „Danke, Mecki." Dieser war total ergriffen. „Melissa, danke, dass ich hier sein durfte."

Die Zeit in Burgholz war ohnehin emotional schwer, aber ich musste mich trotzdem auch noch mit ein paar Idioten rumärgern. Julius' Zustand beschrieb ich täglich in unserem Blog und bekam viel Unterstützung und Zuspruch. Doch leider verirrten sich auch einige ignorante Zeitgenossen ... Ab Tag 400 gab es immer wieder Menschen, die keine freundlichen Dinge schrieben, weil sie meine Entscheidung nicht verstehen konnten oder wollten. Die mich direkt angriffen, kritisierten und zutiefst beleidigten. Sie erfanden E-Mail-Adressen wie Melissa-bald-am-grab.de, um sich bei unserem Blog anzumelden und mich zu beschimpfen. Die negativen Äußerungen lösten weitere Kommentarstürme aus. Viele Freunde und Bekannte hatten das Gefühl, mich verteidigen zu müssen. Der Blog lief vor Kommentaren und E-Mails über. Auch Christoph war sauer und entsetzt über das, was ich fast täglich zu lesen bekam, gerade in dieser schweren Zeit. Ich beruhigt ihn: „Wir wussten doch immer, dass es unglaublich viele Arschlöcher auf dieser Welt gibt. Ich weiß, was wir geleistet und was wir durchgemacht haben. Diese Menschen sind einfach dumm und gemein, und mein Dickkopf ist zu groß, dass ich mich jetzt darüber aufregen möchte. Ich habe dafür keine Zeit, meine Zeit gehört Julius." An Tag 411 sperrte ich die Kommentarfunktion. Von da an hatte ich Ruhe. Mir war klar, dass es Menschen gab, die das, was ich tat, nicht toll fanden, aber zum Glück war der Anteil dieser Irren äußerst gering.

Vielen Menschen war nicht wirklich bewusst, dass Julius und ich das Hospiz nicht mehr gemeinsam verlassen würden. Es gab wohl auch viele, die auf ein Wunder hofften. Ich bin ein realistischer Mensch und glaube nicht an Wunder. Auch wenn ich anfänglich von einem Aufenthalt im Hospiz nicht begeistert war, so war Burgholz doch der perfekte Ort für mein Kind zu diesem Zeitpunkt. Trotz krankem Kind und dieser unglaublich furchtbaren Diagnose konnte ich in dieser Zeit lachen, entspannen, fand Ablenkung und traute mich auch darüber nachzudenken, was ich machen möchte, wenn ich dieses Haus ohne mein Kind verlassen musste. Zu jeder Zeit war jemand da, der mich auffing, wenn es mir schlecht ging, wenn ich meine Tränen nicht zurückhalten konnte und ich müde von der letzten Nacht war. Julius moppterte ziemlich viel, aber es tat einfach gut zu sehen, wie sehr diese Menschen sich um ein Lächeln in seinem Gesicht bemühten und darum, dass er zufrieden war.

Dieser Ort war unser „perfect place", und Julius hatte sich dafür entschieden, hier seine letzte Reise anzutreten.

Tag 436–438

Die Nächte waren unruhig. Julius kam kaum noch ohne Sauerstoff aus. Selbst beim Essen hielt er sich immer wieder die Maske vor die Nase, was er zuvor immer strikt abgelehnt hatte. Er hatte mehrere Schlafphasen am Tag, aus denen er völlig verschwitzt wieder aufwachte. Es war sehr schwierig, in seiner Nähe die Fassung zu behalten. Seine Atemaussetzer in der Nacht dauerten bis zu zehn Sekunden. Ich hatte mich nachts bereits mehrfach unter Tränen bei ihm verabschiedet, weil sein Zustand sehr kritisch war. Morgens hatte er sich aber immer wieder berappelt. Ich wich kaum noch von seiner Seite. Christoph und ich wechselten uns ab, wenn einer von uns mal eine Pause brauchte. Ich traute mich nicht zu schlafen oder mein Kind länger als fünf Minuten zu verlassen.

Julius' Bauch war groß geworden, und man durfte ihn nicht mehr berühren. Auch beim Eincremen mit einer speziellen, leicht betäubenden Salbe musste man sehr vorsichtig sein. Auch der Bauchnabel war tabu. Ansonsten gab es Mecker vom Tiger: „Nicht in das Loch, man ey." Ich schaffte es nicht mehr, ihn zu versorgen, zu waschen oder einzucremen. Ihn so dünn, so kränklich und schwach zu sehen, war unerträglich. Auch wenn ich mit ihm zur Toilette musste, holte ich mir immer Hilfe vom Pflegeteam. Ich war so müde und erschöpft. Mein Herz ertrug viele Dinge einfach nicht mehr. Christoph nahm mir ebenfalls viel ab. Er trug Julius zur Toilette, wusch ihm den Mund ab, holte ihm etwas zu essen oder drapierte sein Spielzeug im Bett. Er brachte ihn und mich immer wieder zum Lachen. Auch an schlechten Tagen schaffe er es, meinem Kind ein Lächeln auf die Lippen zu zaubern und mir ein bisschen von meiner Angst zu nehmen.

Am Donnerstag, Tag 436, wollte Julius plötzlich nicht mehr im Bett bleiben. Er wollte auf den Boden. „Mama, ich muss krabbeln. Da unten", sagte er, während er auf den Boden in seinem Zimmer zeigte. Christoph organisierte eine Matte und positionierte Julius so, wie der kleine Dickkopf es wollte. Er krabbelte zwei Runden über die Matte und strahlte uns an: „So, und jetzt noch meinen Post-Lkw, meine Rennautos, den Krankenwagen, die Fanta, meine Pombären." Julius' Liste war lang. Aber irgendwann war er zufrieden. Inmitten von allem, was er liebte. „Mama, wo ist der Papa?", fragte er nach einer Weile. „Der Papa ist zu Hause. Soll ich den Papa anrufen und ihm sagen, dass er vorbei kommen soll?", fragte ich ihn. Julius nickte. Mein Herz bekam einen heftigen Stich. Das gab es noch nie. Ich ahnte sofort, was das bedeutete. Ich rief Daniel an. Und obwohl es schon nach 20.00 Uhr war, kam er vorbei. Julius freute sich. Die beiden kuschelten sich zusammen ins Bett und sahen sich etwas auf dem Tablet an. Julius machte einen zufriedenen Eindruck. Dann musste Papa wieder fahren. „Papa, ich hab dich lieb", verabschiedete sich der Tiger. Der Druck in meiner Brust nahm zu. Auch Christoph musste fahren, er hatte am nächsten Tag Dienst. „Wenn etwas ist, rufst du bitte an, ich komme dann sofort. Dreißig Minuten und ich bin da." Ich nickte. Es fiel mir schwer, ihn gehen zu lassen.

Die Nacht brach herein. Doktor Chrissi hatte Nachtdienst und war für Julius zuständig. Julius mochte sie sehr. Er war unruhig, nestelte herum, schlief ein, wollte dann plötzlich immer wieder Tablet schauen, dann fernsehen. Hatte Hunger auf Pombären, schlief aber mit den Pombären in der Hand wieder ein. „Mama, ich brauche die Maske noch ein bisschen." Ohne Sauerstoff ging es nicht mehr. Er war teilweise kaum ansprechbar und hatte immer längere Atemaussetzer. Irgendwann griff er schwach nach meiner Hand. „Mama, ich hab dich lieb." Ich kniete neben ihm. Streichelte ihm über die Stirn, küsste ihn und konnte nicht aufhören zu weinen. „Schatz, ich liebe dich so sehr, du bist so unglaublich stark. Und ich bin so stolz auf dich. Du wirst mein Herz niemals verlassen. Für mich musst du nicht mehr kämpfen." Ich schluchzte und weinte und konnte mich nicht beruhigen. Aber der Tiger wollte einfach nicht loslassen. Er streichelte mich und drückte meine Hand ganz fest. Chrissi stand die ganze Nacht an unserem Bett. So konnte ich zwischendurch mal kurz auf die Toilette oder vor der Tür tief durchatmen. Geschlafen habe ich nicht.

Dann kam der Frühdienst. Tag 437 begann. Ich war so müde und erschöpft. Der Druck in meiner Brust war kaum zu ertragen. Ich hatte gedacht, es wäre diese Nacht soweit. Ich war völlig fertig. Der Tiger wurde morgens von Nora versorgt. Ich verließ das Zimmer, rannte an der vollbesetzten Frühstückstafel vorbei. Eine andere Mutter sah mich verwirrt an. Ich sah sie an, schüttelte mit dem Kopf und sagte mit Tränen in den Augen „Frag bloß nicht." Ich ging schnell auf mein Zimmer und zog mir etwas Frisches an. Duschen zu gehen traute ich mich nicht. Nach fünf Minuten war ich wieder bei Julius. „Mama, da bist du ja wieder, ich hab dich vermisst", begrüßte er mich. Ich küsste ihn. Er war erstaunlich fit, wollte noch ein Schokoeis und futterte parallel Pombären. „Mama, kann ich Urmel gucken?" Urmel hatten wir schon eine Weile nicht mehr geschaut. „Mama, wo ist Christoph?", sah er mich fragend an. „Schatz, Christoph ist heute arbeiten." Er guckte traurig, stemmte die Hand in die Hüfte. „Ach man, ey." „Soll ich Christoph anrufen, damit er kommt?", fragte ich ihn. Er nickte heftig mit dem Kopf. „Ja, Christoph ist doch mein Freund." Ich wählte sofort Christophs Nummer. Ich erreichte ihn nicht. Da er auf dem RTW saß, konnte er einen Einsatz haben. Ich rief direkt seinen Chef an, der ja auch mal mein Chef war. „Guido, ich glaube, es ist so weit. Julius möchte, dass Christoph kommt." „Melissa, ich schick ihn sofort los, ganz viel Kraft, wir denken an dich." Nur ein paar Minuten später rief Christoph an: „Ich komme sofort", versprach er.

Julius freute sich, Christoph zu sehen. Ich war erleichtert, dass er es noch rechtzeitig geschafft hatte. Wir verließen das Zimmer nicht mehr. Christoph brachte mir immer meinen Espresso und Fanta für den Tiger. Ich bat Nora um eine Kerze. Auch wenn ich mit Gott im Clinch lag, konnte eine Kerze ja nicht schaden. Ich überlegte, ob ich einen Blogeintrag für diesen Tag fertig machen sollte, entschied mich aber dagegen. Ich hätte auch keine Kraft gehabt, die letzte Nacht zu beschreiben. Gegen Mittag schickte ich meiner Schwester ein Foto von der Kerze und schrieb: „Der Tiger macht sich auf den Weg."

Für die Nacht bekam Christoph eine zusätzliche Liege in Julius' Zimmer. Wieder stand Doktor Chrissi die ganze Nacht an Julius' Bett. Wir lagen nur kurz. Gegen Mitternacht wurde Julius sehr unruhig, wollte sitzen, dann liegen, dann fernsehen, dann trinken. Ich setzte mich erst neben ihn, dann hinter ihn. Er bekam jetzt alle zwei Stunden Morphin und zusätzlich etwas gegen Angstzustände. Dann war sein Lieblingsauto weg. Wir suchten im Bett alles ab, fanden nichts. Christoph leuchtete mit seinem Handy. Im Lichtschein sah ich Julius an. Er sah aus wie tot. Ich erschreckte mich so sehr, dass ich Christoph auf den Arm schlug und ihn anschnauzte: „Mach das weg!" Mein Herz raste vor Angst. Später fanden wir dann noch den orangefarbenen Porsche, den Julius von Mecki geschenkt bekommen hatte. Kurze Zeit später entschuldigte ich mich bei Christoph, dass ich ihn so angemacht hatte und erklärte ihm, dass mich Julius' Anblick so erschreckt hätte. Christoph sah mich mit großen Augen an und nahm mich in den Arm. „Du musst dich für gar nichts entschuldigen, du machst das seit Tagen mit. Ich bin nach einer Nacht schon völlig fertig."

Wir standen alle am Bett und versuchten es Julius so angenehm wie möglich zu machen. Er kämpfte sich immer wieder zurück. Gegen 3.00 Uhr nachts kniete ich wieder neben ihm. Er atmete schwer. Ich weinte und streichelte ihn. Wieso konnte er nicht loslassen? Ihn so kämpfen zu sehen, zerriss mir das Herz.

Tag 438

Gegen 6.00 Uhr versuchte ich Julius' Papa anzurufen. Niemand ging ran. Nicht ans Handy und nicht an den Festnetzanschluss. Vielleicht konnte Julius nur loslassen, wenn er alleine war? Nora blieb bei ihm. Schweren Herzens gingen Christoph und ich eine Runde durch den Wald. „Frau Scholten, schreien Sie eine Runde, wenn es hilft", hatte Nora empfohlen. Das tat ich. „Ich hasse dich!", schrie ich. Dieser blöde scheiß Gott! Das konnte er nicht alles ernst meinen, was hier gerade passierte! Als wir zurückkamen, hatte das Pflegeteam Daniel immer noch nicht erreicht. Julius schaute mich an, lächelte schwach. Es war 8.00 Uhr. Und ich kochte vor Wut. Wieso ging Daniel nicht ans Telefon? Ich beugte mich zu Julius. „Schatz, ich hol jetzt deinen Papa, dann komme ich wieder." Christoph und ich fuhren den kurzen Weg von fünf Minuten zu Daniel. Ich stieg aus, raste zur Tür, klingelte Sturm, so lange, bis die Tür aufging. „Wo ist Daniel?", rief ich, statt seine Frau zu begrüßen. Sie zeigte auf die Schlafzimmertür. Ich stellte mich in den Türrahmen und brüllte ihn an. „Ich versuche seit 6.00 Uhr, dich zu erreichen! Unser Sohn liegt im Sterben und kann nicht loslassen, weil sein Papa nicht da ist!" Daniel sah mich verdutzt an und sprang aus dem Bett. „Hier hat nichts geklingelt", versuchte er sich zu verteidigen. „Beeil dich gefälligst!", schnauzte ich ihn an, und dann fuhr ich mit Christoph zurück.

Nora war noch bei Julius und hielt seine Hand. Ich ging zum Tiger, streichelte und küsste ihn. „Schatz, dein Papa kommt gleich." Als Daniel da war, verließen Christoph und ich wieder das Zimmer und gingen noch mal spazieren. Konnte der Tiger jetzt endlich loslassen? Sein Papa war ja nun da. Nora sollte mich anrufen, wenn der Tiger es geschafft hätte. Aber mein Telefon klingelte nicht. Je näher wir dem Hospiz kamen, umso größer wurden der Druck und meine Angst. Wieder im Hospiz angekommen, ging ich direkt in Julius' Zimmer. Christoph wollte draußen bleiben. So hatte Julius mal nur Mama und Papa bei sich.

Ich betrat das Zimmer. Der Tiger schnappte nach Luft und war kaum ansprechbar. „Ich hab ihm noch mal etwas Morphin und Tavor gegeben", berichtete Nora. Ich zog meine Jacke aus, schmiss sie auf den Boden. Ich nahm Julius' Hand. „Schatz, ich liebe dich so sehr, du bist so ein toller Mensch, und ich bin unendlich stolz auf dich. Du musst nicht mehr kämpfen. Der Papa und ich, wir haben dich so lieb, und du hast das alles so toll gemacht." Julius schaute mich an, dann Richtung Tür. Ich konnte ihn kaum verstehen. Er hob die Hand. „Christ...", stotterte er. „Soll ich Christoph holen?" Julius nickte. Ich stürzte zur Tür. Christoph unterhielt sich draußen mit anderen Eltern. „Christoph, komm, Julius will dich sehen!" Er trat zu Julius ans Bett. „Julius, Christoph ist hier, wir sind alle bei dir. Da, wo du hingehst, gibt es ganz viel Lego und sooo viele Päckchen für dich. Du brauchst dir um mich keine Sorgen zu machen, Christoph passt auf mich auf. Versprochen." Julius hob den Arm in Christophs Richtung und sah ihm in die Augen. Dann ließ er den Arm wieder sinken. Ich blickte auf seinen Brustkorb und sah keinen Herzschlag mehr. „Schatz, wir lieben dich so sehr und du wirst unsere Herzen niemals verlassen", flüsterte ich ihm noch ins Ohr.

In der linken Hand hielt er seinen heiß geliebten ICE. Er holte noch zwei Mal Luft, dann war alles still. Julius hatte seine Reise angetreten. „Er hat Sie alle gebraucht", sagte Nora liebevoll.

Es war Tag 438 um 9.41 Uhr.

TEIL 3

TEIL 3

Ohne dich

Nachricht eines Freundes

Wie kann ein Mensch das ertragen? Philipp Poisel

Liebe Melissa,

als ich hörte, dass Julius erlöst wurde, hat kurz alles an Bedeutung verloren und es war um mich herum ganz still. Es war klar, dass es kommen musste und es ist eine Erlösung für Deinen Tiger, dennoch steigen einem die Tränen in die Augen und man fragt sich, warum.

Ein kleiner Junge, wie man ihn sich vorstellt, ein Draufgänger voller Energie, Feuerwehr- und Bagger-verrückt, hinter Flugzeugen und Zügen her – dann aus vollem Lauf im Leben diese niederschmetternde Diagnose und man fragt sich, warum.

Wir wissen, dass es weder eine Antwort auf das „Warum?" noch dass es bei diesem Verlauf eine Chance gab.

Jetzt kommst Du – mit dem Wissen, dass es keine Antwort gibt, mit der Breitseite, die Dir das Leben mit einer unsagbaren Wucht entgegengeschlagen hat und damit am Start eines nahezu ausweglosen Weges.

Du kommst und drehst die Frage nach dem „Warum?" in ein „Wie?" und lieferst eine Antwort nach der Anderen. Du bist nicht mehr „nur" Mutter, Du bist Ideengeber, Fels in der Brandung, Legobauerin, große Schwester und „Bruder", Freundin und Organisatorin. Dann hast Du auch noch so oft ein Lächeln im Gesicht.

Es ist so schnell gesagt, mach das Beste aus der Situation – das hast Du gemacht, Dir ist es gelungen, nicht nur das Beste aus der Situation zu machen, sondern auch mit Deinem Schicksal so umzugehen, dass Du anderen Menschen Kraft gegeben hast und Vorbild warst. Das kann man gar nicht hoch genug würdigen und respektieren – das war mehr als das Beste, was Du in der Situation für Julius tun konntest. Heute ist Muttertag, leider hat das Leben die Rahmenbedingungen dafür nicht mit Dir abgesprochen, aber Du hast diese Rahmenbedingungen mit so viel Liebe, Fürsorge, Farbe, Kraft und Ausdauer gefüllt, dass es dafür gar nicht genug Muttertage geben kann. Dafür danke ich Dir – fürs Vorbild sein, fürs Lachen, für die Energie und fürs Zeigen, wie man mit schweren Lebensaufgaben umgehen kann. Wir wünschen Dir von ganzem Herzen Kraft für die Schritte, die noch erforderlich sind und auch die Ruhe, Dich von dieser Aufgabe zu erholen.

Du kannst Dich immer auf das Band zwischen Julius und Dir verlassen – wir alle haben gelernt und gezeigt bekommen, dass das nicht mal der Tod durchtrennt.

Wie soll ein Mensch das ertragen? – Deine Liebe ist die Antwort

Tag 438 + 1

Er hat erst los gelassen, als sein Team, seine Herzensmenschen, seine Kümmerer der letzten Tage und Wochen vereint bei ihm am Bett waren: Papa, Mama und Christoph.

Die letzten Tage waren sehr anstrengend und hart. Ich habe sehr viel geweint, hatte Angst und fühlte mich so machtlos, weil er so gekämpft hat und nicht loslassen wollte. Das war nur schwer zu ertragen. Aber als er uns, sein Team, vereint hatte und seine Reise antrat, war in mir so viel Liebe und Erleichterung.

Wir haben gestern mit der Familie, Freunden und der Feuerwehr viel geweint, aber auch viel gelacht. Der Verabschiedungsraum wurde in eine kleine Legolandschaft verwandelt. Julius wurde im Kreise aller lieben Menschen im Verabschiedungsraum eingesegnet. Lisa, die Heilpädagogin vom Familienteam, hat das Buch „Abschied von der kleinen Raupe" vorgelesen. Danach bekam jeder im Raum eine Laterne in die Hand. Die Feuerwehr stand vor dem Hospiz mit Fackeln. Der Weg von Julius' Zimmer bis zum Verabschiedungsraum war gefüllt von Menschen mit Laternen. Ich trug Julius begleitet von Papa aus seinem Zimmer in den Verabschiedungsraum. Er trug seinen ICE, Christoph trug sein Tablet, Daniels Frau trug Julius' Cars-Decke und Lisa das Opossum, Julius' Tablethalter.

Ich trug Julius zum ersten Mal seit ganz langer Zeit wieder. Ich drückte ihn so fest, spürte ihn so nah, und plötzlich brach alles an Trauer aus mir heraus. Ich weinte, bis ich ihn im Verabschiedungsraum im Kühlbett niederlegte. Die Kollegen der Feuerwehr hatten nun die Möglichkeit, sich von Julius zu verabschieden. Später haben wir noch mit Fanta auf den Tiger angestoßen, und zum Abendessen gab es Mini-Salamipizza.

Ich habe gestern mit vielen Dingen meinen Frieden geschlossen. Es war ganz leicht. Der Tiger hat mir etwas ganz Besonderes mitgegeben, etwas, das ich kaum beschreiben und in Worte fassen kann. Aber ich spüre es so deutlich wie nie zuvor.

Ich vermisse meinen Tiger sehr. Heute Morgen konnte ich nicht mehr schlafen. Ich hab ihn dann in seinem Zimmer besucht und bin danach spazieren gegangen. Und er war die ganze Zeit bei mir. Er ist so tief in meinem Herzen. Und so lange ich lebe, werde ich jedem erzählen, wie wunderbar der Tiger war.

Nachdem Julius verstorben war, haben wir Handabdrücke in 3D gemacht. Drei Leinwände mit Hand- und Fußabdrücken (natürlich in seiner Lieblingsfarbe Rot). Danach hab ich ihn mit Nora zusammen gewaschen. Nora hat dafür das Wasser mit einer roten Brausetablette gefärbt.

Ich habe heute die 3D-Abdrücke fertiggestellt. Julius' Papa hat auch einen gemacht. Sie sind richtig toll geworden. Beim Sichten im Tigerzimmer sind mir noch viele Dinge in die Hände gefallen, die sich unbedingt mit dem Tiger auf die Reise machen müssen: Dazu gehören zum Beispiel eine Flasche Fanta, Capri-Sun Kirsche, eine Tüte Pombären, Maismuffins bzw. Maiswaffeln, Ü-Eier ... Mit auf die Reise gehen außerdem noch: Julius' gelber Post-Lkw mit ganz vielen Papierschnipseln und Briefen vom Pflegeteam und vom Familienteam. Sein ICE, den er bis zum Schluss nicht losgelassen hat, sein Lego-Katalog, ein Wimmelbuch von Oma Silvia, ein selbst gebautes Holzschiff von Opa Martin, ein Cars-Auto von seinem Onkel Marc, ein kleiner Brief von Tante Sonja, Tigers rote Wärmflasche, seine Minions-Käppi, seine rote Sonnenbrille und sein roter Schnuller mit dem Käfer drauf.

Julius ist ganz in Rot gekleidet. Papa schickt den gemeinsam gebastelten Papier-ICE und ein ICE-Memory mit auf die Reise. Christoph hat am Samstag spät abends noch die Konfettikanone mit einem riesigen Knall über dem Tiger abgefeuert und ihn so mit unendlich vielen bunten Papierschnipseln bedeckt.

Von mir bekommt er ein besonderes Geschenk, etwas ganz persönliches. Ich habe es vor Monaten beschlossen und in unseren ersten Wochen alles dafür vorbereitet. Es gehen meine Haare in einem Stoffsäcken und ein Teil meiner „Hundemarke" mit. So ist ein Teil von mir immer in seiner Asche. Julius' Cousinen haben schon die Urne bemalt. Die beiden sind so großartig. Ich hatte Angst davor, wie sie es aufnehmen. Aber sie sind so toll. Später bekommt die Urne von mir noch einen Löwenzahn und ein paar Schmetterlinge aufgemalt.

Julius' Kerze brennt hier im Eingangsbereich des Hospiz, und es steht ein Foto von ihm daneben. Wenn man ihn so sieht und weiß, wie er war, muss man einfach lächeln.

Tag 438 + 2

Ich habe gestern noch angefangen unser bzw. Julius' Zimmer ein bisschen zu sichten und aufzuräumen. Da alle Fahrzeuge, Kuscheltiere und Brio-Züge bei Julius im Verabschiedungsraum sind, sieht das

Tigerzimmer sehr wüst aus. Ich bin gestern viel zwischen den beiden Räumen hin und her gelaufen. Julius' hatte viel Besuch von Freunden und von unserer Familie. Ich habe das Gefühl, dass viele weinend kamen, aber mit einem Lächeln wieder gingen. Die meisten blieben länger, und wir redeten viel über den Tiger. Wir schauten uns Fotos an. Ich hab auch einige geschickt bekommen, die wundervoll sind.

Ich spüre aktuell sehr den Stress der letzten Tage. Mein Körper musste in der letzten Zeit so einiges leisten und hat keine Pause bekommen. Jetzt habe ich Zeit dafür. Julius' Papa hat in der letzten Nacht bei Julius geschlafen, und die beiden haben noch mal ganz laut alle Lieblingslieder vom Tiger gehört. Heute kommt der Bestatter und bringt Julius' Überführungskiste/Sarg mit. Natürlich bekommt diese auch einen kreativen Touch.

Chrissi hat mir gestern überraschenderweise noch ein Muttertags-Geschenk gegeben. Das hatte sie noch mit Julius gebastelt. Es war ein Laternenlicht mit Handabdrücken in unseren Lieblingsfarben Rot und Blau. Außerdem haben sie Kleeblätter und Schmetterlinge daran getackert. Und das alles, während ich mal spazieren gegangen war. Ich habe mich sehr darüber gefreut.

Tag 438 + 3

Gestern war ein anstrengender Tag. Der Bestatter war da. Wir mussten viel reden, und ich bin viel hin und her gelaufen. Julius' Zimmer musste auch noch leer geräumt werden. Ich habe gestern wieder viel geweint und mit vielen Menschen geredet. Der Tiger hat so viele Menschen berührt. Das ist echt unglaublich.

Die Urne aus Terrakotta ist so schön geworden. Auch die Überführungskiste steht jetzt hier und wird immer bunter. Hier darf jeder, der möchte, dem kleinen Kämpfer einen Gruß mitgeben.

Ich bin sehr müde und merke immer wieder die starke Erschöpfung. Und es ist eine ständige Achterbahnfahrt der Emotionen. Mein

Handy steht aktuell nicht still. Viele E-Mails und Nachrichten erreichen mich, und der Tiger-Blog hat einen neuen Rekord an Besuchern aufgestellt. Es ist aber noch nicht an der Zeit, dass ich mich diesen vielen Nachrichten stellen kann bzw. möchte. Ich bin zu müde, zu erschöpft und einfach auch sehr traurig. Aber ich werde mir die Zeit nehmen, alles in Ruhe zu lesen. Jetzt muss ich erst mal zu Hause ankommen. In eine leere und erstmals leise Wohnung. Ruby hole ich erst in ein paar Tagen. Aber ich bin so froh, dass ich mich letztes Jahr dafür entschieden habe, dass sie ein Teil unseres Rudels wird. Jetzt haben wir eine Mädels-WG.

Tag 438 + 4

Es tat gestern noch ordentlich weh. Die Vorstellung, den Tiger nicht mehr anfassen zu können, ist unbeschreiblich. Ich habe noch mal lange seine Hand gehalten. Sie war kalt, weil sein Körper gekühlt werden musste. Aber seine Hände kannte ich in- und auswendig. In den letzten Jahren hatte ich immer seine Hand gehalten, damit er einschlafen konnte. Sie war kalt, aber sehr weich und wie immer einfach ... mein Tiger. Später bot mir Lisa vom Familienteam an, dass ich ihn noch mal halten könnte, wenn ich will. Ich war erst irritiert und wollte nicht. Aber ich habe es dann trotzdem getan. Ja, er war kalt, aber er war immer noch mein Kind. Ich habe ihm unser Schlaflied vorgesungen und ihn im Arm geschaukelt, ihm gesagt, wie sehr ich ihn liebe und dass es mir so leid tut, dass er gehen musste. Dieser Moment war einer der unbeschreiblichsten in meinem Leben. Ihn noch einmal halten zu dürfen, zu spüren, war unfassbar schön. Es gibt von diesem Moment Fotos, aber die gehören nur mir allein.

Der Tiger sollte um 17.30 Uhr das Hospiz verlassen. Wir hatten schon vorher entschieden, welche Menschen ihn dabei begleiten sollten. Till hat den Tiger in den Sarg gelegt. Papa, Till, Chrissi und Nora haben

den Sarg getragen. Michelle hat die Urne, Lisa die Kiste mit Julius'
Spielzeug getragen. Ein Spalier aus Kerzen und Seifenblasen dazu. Es
war sehr emotional. Dieses Kind hat einfach so viele Menschen be-
wegt und berührt. In einem Meer aus Seifenblasen wurde Julius' Kiste
zum Bestatter getragen. Julius' Papa und ich lagen uns weinend in
den Armen. Ihn abfahren zu sehen war schwer.

Weil der Tiger auszog, stand auch mein Auszug bevor. Das fiel mir
nicht leicht. Ich hatte das Gefühl, als würde ich aus meinem Zuhause ausziehen. Hier gibt es so viele großartige Menschen, die in der
schlimmsten Stunde unseres Lebens an unserer Seite waren. Aber
ohne meinen Tiger konnte und wollte ich nicht bleiben. Beim Verabschieden schaute ich in viele tränenerfüllte Gesichter. Und eigentlich
ist das gar nichts für mich. Normalerweise würde ich dann winken
und einfach gehen, hier musste aber jeder gedrückt werden. „Zu Gast
bei Freunden", hat Christoph immer gesagt. Niemand ging, bevor ich
abgefahren war.

Während der Rückfahrt habe ich nur geweint. Zu Hause wurde ich
bereits erwartet. Meine lieben Nachbarn halfen mir, das Auto leer zu
räumen. Ich war müde, ging durch die Wohnung und dachte „tolle
Wohnung", fühlte mich aber ganz schön fremd. Meine Nachbarn haben gegrillt, und wir haben dann lange zusammen gesessen und geredet. Ich war ja mehr als neun Wochen weg gewesen.

In meiner Wohnung zu sein ist seltsam. Der Tiger ist überall, in
jeder Ecke. Aber es ist so leise. An Schlaf war erst gar nicht zu denken.
Julius fehlt mir so. Ich bin dann irgendwann im Wohnzimmer auf der
Couch eingeschlafen. Ich habe auch ganz gut geschlafen. Kurz, aber
ohne schlimmere Träume. Heute Morgen war ich dann sehr durchei-
nander. Was mache ich zuerst? Was ist wichtig und was nicht? Dann
habe ich erst mal Julius' Tablet in die Küche gestellt und „Mr. Bean"
angemacht; das hatte der Tiger immer gern geschaut. Besonders die
Folge mit dem verlorenen Teddybär hat ihn auch zum Schluss, als er
kaum noch fröhlich war, immer zum Lachen gebracht. Bin danach
zum Friedhof gefahren. Julius' Garten, so nenne ich seine Grabstätte,

habe ich bereits im August 2018 reserviert. Er hat ein sonniges Plätzchen, deshalb hat er auch seine rote Sonnenbrille dabei.

Danach bin ich noch zur Kita gefahren. Julius' „blaue Gruppe" hat ihm auf seinem letzten Weg auch noch Bilder und Gebasteltes mitgeben. Seine Sachen aus der Kita mitzunehmen, fühlte sich gar nicht gut an. Wir haben aber eine tolle Lösung gefunden: Mein zukünftiges Patenkind geht ab August in Julius' Kitagruppe. Silas wird Julius' Sachen bekommen, zieht ins Eisenbahnfach und schläft in Julius' Kita-Bett. So bleibt der Tiger doch noch ein bisschen in der „blauen Gruppe".

Irgendwann habe ich es dann doch noch geschafft, einkaufen zu fahren. Ich konnte aber nicht in unseren Stammdiscounter. Julius ist dort immer direkt zu den Autos gelaufen und hat mit mir verhandelt, was er denn noch in seinem Fuhrpark bräuchte. Auch das Einkaufen selbst war komisch. Ich habe immer wieder nach Kindersachen oder Dingen gesucht, die der Tiger gerne gegessen hat. Babybel-Käse zum Beispiel haben eine wichtige Bedeutung für mich, weil sie mich an bestimmte Situationen erinnern: Ich durfte im Hospiz keinen Babybel alleine aufmachen. Das hat Julius gemacht. Essen wollte er sie nicht, nur aufmachen. Ich bekam dann vier kleine Stückchen. Das wusste im Hospiz jeder. Der Tiger hat auch auf seinem letzten Weg einen Babybel dabei.

Ich bin sehr erschöpft. Brauche immer wieder eine Pause. Aber der Tiger ist immer bei mir. Das spüre ich.

Tag 438 + 5

Ich hatte gestern Besuch von meinen Mädels Svenja und Merci. Die haben geputzt und mir beim auf- und wegräumen geholfen. Alleine schaffe ich das im Moment nicht. Ich bin zu müde, und wenn es nach mir ginge, müsste ich alles, was Julius jemals in der Hand hatte oder toll fand, behalten. Dazu eine riesige Kiste mit seinen Lieblingssüßigkeiten. Das kann ich alles niemals alleine essen.

Vor unserer Wohnung stehen ein Foto von Julius und eine Kerze. Die Nachbarn haben Julius ein paar Blumen hingestellt. Gestern kam noch meine beste Freundin, um ein wenig zu quatschen. Das tat ganz gut. Aber ich merke, dass ich nicht immer über die letzten Wochen reden möchte. Das tut am meisten weh. Wenn ich zurückdenke, hatten wir gute zwei Jahre ohne Chemo und Bestrahlung: Am 19. April 2017 war die letzte Bestrahlung, am 26. Februar 2018 war der Krebs wieder da, und gegangen ist er am 11. Mai 2019. Die Ärzte meinten damals, wir hätten nicht mehr viel Zeit. Zwei beschissene Jahre voller Angst, Nadeln, Kotzerei und Schmerzen und zwei Jahre, in denen wir wirklich viel gemacht haben. Ich will im Moment nur an die schönen Dinge denken, weil der Rest einfach nur weh tut.

Ich habe mich auch darum gekümmert, dass Julius jetzt einen besonderen Platz im Wohnzimmer hat. Wenn ich etwas Zeit habe, mache ich das noch etwas größer und mit mehr Spielzeug. Für's Erste reicht es mir so.

Ich hab heute wieder einige Termine. Später fahr ich zu meinen Jungs und Mädels auf die Feuerwache.

Morgen Abend kommt endlich mein Christoph zurück. Er musste leider am Sonntag beruflich weg.

Julius hat mich mal gefragt, ob Christoph sein Vater ist, weil er jeden Tag bei uns im Hospiz war. Ich habe mit Julius nie über die Bedeutung „Vater" gesprochen. Julius' Vater Daniel war immer „Papa" oder „Papi".

Es fühlt sich trotzdem so an, als hätten Christoph und ich unser gemeinsames Kind verloren. Der Schmerz sitzt bei uns beiden tief. Ich liebe beide so sehr.

Tag 438 + 6

Gestern waren wir sehr lange beim Bestatter. Es gab viel zu klären und organisieren. Als wir da waren, ging es mir ganz gut. Aber zwischendurch hab ich immer wieder das Gefühl, als bekäme ich keine Luft.

Einige Bilder in meinem Kopf, von Julius' letzten Momenten, brechen mir immer wieder aufs Neue das Herz. Später war ich auf der Wache, um noch ein paar Dinge zu besprechen. Als ich dann endlich zu Hause war, war ich total erschöpft. Ich mache fast jeden Tag noch mal ein Nickerchen, mit Wärmflasche und Tigers Cars-Decke.

Heute Nacht hab ich ganz gut geschlafen, endlich mal mehr als vier Stunden. Meine Erschöpfung ist schon sehr groß. Heute Morgen hab ich ein bisschen zu Hause rumhantiert: Sachen von Julius aussortiert, die man noch verschenken kann. Meine Stimmung ist im Moment wie das Wetter draußen: drückend und regnerisch.

Wir sehen Julius heute Abend zum allerletzten Mal. Dann legen wir ihm sein Spielzeug in den Sarg, ein paar Bilder von seinen Kitafreunden und weitere Dinge, die noch unbedingt mit müssen. Bei dem Gedanken daran, mein Kind danach nie wieder zu sehen, habe ich das Gefühl, innerlich zu zerbrechen. Ich schalte jeden Tag sein Tablet ein und es läuft Mr. Bean. Ich habe auch meine Kleidung dem Tiger angepasst. Mir macht es Spaß, mich rot zu kleiden. Und ich weiß, Julius wird da oben darüber lächeln. Für heute Abend habe ich mir ein Zeitlimit gesetzt. Ich habe Angst. Keine Angst davor, ihn zu sehen, sondern Angst davor, dass ich gehen muss und ihn dann nie wieder anfassen kann. Das wird heute wieder ein schwerer Tag.

Tag 438 + 7

Eine Woche ohne tigerliche Verhandlungen: „Mama, ich möchte Pombären. Mama, darf ich Tablet haben?" Es fühlt sich für mich irgendwie länger an.

Wir haben den Tiger gestern noch einmal gesehen. Ich war vorher völlig fertig und hab nur geweint. Aber als ich bei ihm war, ging es mir gut. Er sah völlig friedlich und entspannt aus. Wir haben ihm alles von der Familie, von Freunden und seiner Kitagruppe mitgegeben. Es ist auch alles dabei, was ihm besonders wichtig war. Der Abschied von ihm fiel mir in diesem Moment leichter, als ich es erwartet hätte. Damit ich am Abend nicht noch zu viel darüber nachdenken konnte, sind Christoph und ich ins Kino gefahren. Auf dem Hinweg ist uns der Zeppelin begegnet ... und auf dem Rückweg auch, da war er beleuchtet.

Es erreichen mich viele E-Mails und eine Menge Trauerpost. Im Moment fühle ich mich noch nicht in der Lage, diese durchzusehen. Ich werde mich zu gegebener Zeit mit meiner Familie gemeinsam darum kümmern.

Ich fühle mich mit einfachen Abläufen leider oft überfordert. Oft vergesse ich, was ich erledigen wollte, trotz Zettel, und ich greife beim Einkaufen immer wieder nach Dingen, die ich für den Tiger gekauft habe.

Meine Stimme ist wieder total heiser, ich muss lauter sprechen und das strengt mich sehr an.

Für den Tiger läuft hier immer sein Tablet.

Heute Abend zieht die kleine Ruby wieder bei uns ein. Ich freu mich schon sehr.

Tag 438 + 8

Ich war gestern mit den Nachbarsmädels noch eine Stunde walken. Mal ganz langsam wieder mit Sport anfangen. Am Abend haben wir Ruby abgeholt. Da war dann ganz plötzlich wieder viel Leben in der Bude. Aber es fühlt sich auch komisch an. Julius konnte in den letzten Wochen vor unserem Hospiz-Aufenthalt nicht mehr viel mit ihr spielen, aber sie hat ihn stets bewacht.

Meine emotionale Lage war in den letzten vier Jahren ein ständiges Auf und Ab. Aber es hat nicht nur meine Seele stark gelitten, sondern auch mein ganzer Körper, das merkte ich auch gestern Abend wieder. Mein Rücken, Nacken und meine Arme schmerzten sehr. Nach Julius' erster Therapie schien alles noch einigermaßen in Ordnung, abgesehen von einem ständigen Schlafmangel und ungesunder und unzureichender Nahrungsaufnahme. Im Laufe der folgenden Therapien und weiterer Krebsdiagnosen wurde es deutlich schlimmer. Um mich völlig auf Julius konzentrieren zu können, ignorierte ich meine eigene Gesundheit und meinen Körper. Ich ging verspätet oder gar nicht zu Vorsorgeuntersuchungen. Mein Monatszyklus hatte keinen Rhythmus mehr, blieb mal aus oder kam mal täglich über Wochen. Ich war unfruchtbar. Verspannungen im Nacken führten zu Kopfschmerzen und manchmal auch zu Migräne mit Sehstörungen und Übelkeit. Erkältungen, geschwollene Mandeln, Husten oder grippeähnliche Symptome ignorierte ich und verschleppte sie somit manchmal bis zu mehreren Wochen. Ende 2017 waren meine Stimmbänder ausgetrocknet vom Stress, sodass ich über mehrere Monate heiser war. So zu sprechen, dass mich jeder verstand, strengte mich zusätzlich an.

Auch Notbesuche beim Frauenarzt, Orthopäden und eine dringende, schon längst überfällige OP im September 2017 halfen nur kurz. Mittlerweile konnte ich nur noch mit Handbandagen schlafen, weil meine Hände taub wurden und schmerzten. Bauchschmerzen hatte ich täglich und benötigte wie der Tiger jeden Abend eine Wärmflasche. Meine Blutwerte waren total im Keller. In neun Wochen Hospiz konsumierte ich fünf Pakete Ibuprofen. Zahlreiche Beschwerden besuchten mich abwechselnd, manche täglich. Mein Körper musste einfach warten. Julius war zu dem Zeitpunkt wichtiger, und die Zeit, die uns noch blieb, war kostbar.

Doch dann war mein Tiger fort und mein Körper streikte völlig. Dadurch, dass ich zwei Tage an seinem Bett gekniet hatte, konnte ich nach seinem Tod drei Tage kaum laufen. Meine Füße und Knöchel waren übersät mit Blutergüssen. Auch später wurde jede unübliche Bewegung meines Körpers mit Schwellungen und Blutergüssen belohnt. Meine Hände schmerzten so stark, dass ich von den Schmerzen nachts wach wurde und nicht mehr schlafen konnte. Wenn ich zu viel und vor allem zu viel Emotionales erzählte, wurde ich immer wieder heiser. Ich hatte keinen Appetit. Und wenn ich aß, wurde mir schlecht. Schon kleine Anstrengungen ermüdeten mich unglaublich. Ich bekam Angst. Wie sollte ich nur jemals wieder meinen Job machen? Anfänglich setzte ich mich stark unter Druck, bald wieder körperlich fit zu werden. Aber das machte alles nur noch schlimmer. Das hatte alles keinen Sinn! Mein Herz brauchte Zeit und mein Körper eben auch. Also beschloss ich erst mal nichts zu tun. Schlief und tat das, worauf ich Lust hatte.

Mit Hilfe meines Orthopäden und Akupunktur bekamen wir langsam meine Beschwerden am Nacken, Hals und in den Händen wieder unter Kontrolle, bis sie gänzlich verschwanden. Durch Medikamente hatte ich langsam wieder einen normalen Zyklus. Und ich erzählte an schlimmen Tagen einfach mal weniger, sodass sich meine Stimme ebenfalls erholte. Die Linderung meiner Beschwerden verbesserte auch meine Laune und emotionale Lage. Ich schaffte es, auch an schweren Tagen wieder nach vorne zuschauen. Mein Körper braucht einfach noch Zeit zu heilen. Schließlich habe ich ihm vier Jahre Höchstleistungen abverlangt – und er hat erstaunlich gut durchgehalten. Mein Körper findet langsam wieder zu mir zurück.

Bei meiner Seele sieht das etwas anders aus. Abends bzw. nachts ist der emotionale Schmerz immer am heftigsten. Da Christoph im Moment nicht von meiner Seite weicht, habe ich zum Glück immer jemanden zum Reden. Ich habe nachts jemanden, der meine Hand hält.

Der Tiger fehlt uns beiden sehr.

Ich habe täglich mit vielen Bildern im Kopf und mit Emotionen zu kämpfen. Man zieht als Team in den Kampf und kommt alleine zurück. Auch wenn man vorher wusste, dass der eine nicht zurückkehrt – der Schmerz ist unbeschreiblich, weil er einfach unerträglich ist. Für mich steht immer noch die Zeit still. Wenn ich das hier durchstehe, gibt es nichts Schlimmeres mehr auf der Welt.

Man ey, Tiger, du fehlst mir so!

Tag 438 + 9

Ich habe nicht gut geschlafen. Nicht nur, dass wieder so viel wehtat, mein Kopf kam einfach nicht zur Ruhe. Zudem musste Ruby in der Nacht zwei Mal raus. Normalerweise schläft sie durch, aber vermutlich hat sie draußen wieder irgendeinen Mist gefressen und hat Scheißerei davon. Willkommen im Alltag!

Ich wollte dann los und einiges erledigen. Aber es ist immer wieder dasselbe: Ich fahre los und vergesse, warum ich unterwegs bin. Oder ich fahre einfach irgendwo hin und frage mich, warum. Oder ich fahre mehrfach vorbei, wo ich eigentlich hin möchte.

Jeder sagt: „Melissa, du musst trauern, das ist ganz wichtig." Ja, klar, versteh ich. Aber wie geht das? Traurig bin ich die ganze Zeit. Ich weine, wenn mir danach ist; egal, wer dabei ist. Die Welt steht immer noch still, und ich fühl mich leer und weiß nichts mit mir anzufangen. Ich weiß, das ist alles normal, aber es fühlt sich echt so beschissen an. Ich mache es jetzt so, wie ich es auch mit dem Tiger gemacht habe. Ich nehme jeden Tag, wie er kommt. Natürlich ist es alleine viel schwerer. Aber dem stelle ich mich. Ich habe dem Tiger versprochen, dass ich weitermachen werde, dass er immer in meinem Herzen bleibt. Bis heute habe ich meine Versprechen gegenüber meinem Kind immer gehalten. Und das wird sich auch niemals ändern.

Julius bekommt heute seine Flügel, er wird verbrannt.

Ich muss durchatmen, aufstehen, weitermachen und nach vorne schauen! Man ey, Julius fehlt mir so!

Tag 438 + 10

Ich war gestern noch bei meinen Kollegen auf der Feuerwache. Mal wieder in einer vertrauten Runde zu sitzen, tat gut. Der Kontakt war ja immer da, und der Rückhalt meiner Jungs und Mädels ist enorm. Das fühlt sich echt toll an.

Ich hab heute gut geschlafen. Der Tiger ist mir im Traum begegnet und hat mir zugewunken. Um das Ganze irgendwie händeln zu können, habe ich mir, bevor Julius verstorben ist, ein Buch* bestellt. In einem Buch meine eigenen Gefühle zu lesen und die mir so bekannte Achterbahn der Emotionen wiederzufinden, fängt mich gerade irgendwie auf. Alle Gefühle und Verlustängste sind normal und völlig in Ordnung.

Heute Morgen waren wir bei Alfons. Er ist Pastor im Ruhestand, und wir haben besprochen, mit welchem christlichen Segen Julius auf die letzte Reise geschickt wird. Alfons hat Julius getauft und uns auch im Krankenhaus besucht. In dieser Runde – Papa, Alfons und ich – noch mal über den Tiger zu sprechen, war zwar tränenreich, tat aber gut. Am Nachmittag sind Christoph und ich ins Hospiz gefahren, um Ju-

Die von mir für Julius gestaltete Holzscheibe – natürlich dürfen da Autos und seine Lieblingsfarbe Rot nicht fehlen.

*Freya von Stülpnagel: Ohne dich. Hilfe für Tage, an denen die Trauer besonders schmerzt. Eine Mutter berichtet vom Suizid ihres Sohnes und was ihr geholfen hat, Kösel-Verlag, München 2012.

lius' Spielzeug abzuholen. Ich bin vor einer Woche dort ausgezogen, aber es fühlt sich an, als sei es viel länger her. Ich habe dann auch direkt die Holzscheibe vom Tiger besucht. Jedes Kind in Burgholz darf selbst eine Baumscheibe kreieren. Julius konnte das nicht mehr alleine, deshalb habe ich sie für ihn gestaltet.

Das Hospiz bietet mir und meiner Familie eine Trauerbegleitung an. Mit Menschen über Julius zu sprechen, die ihn auch lange Zeit begleitet haben, gibt mir jetzt schon ein besseres Gefühl und nimmt mir einiges von meiner Angst.

Tag 438 + 11

Ich kann im Moment nicht gut abschätzen, was mir gut tut und was nicht. Heute Morgen war ich wieder völlig neben der Spur. Diese Gefühle sind so anders und so ... ich kann es kaum beschreiben. Mein erster Weg morgens ist nun, Julius' Kerze anzuzünden. Ich rede mit ihm. Nicht viel, es ist eigentlich immer das gleiche: „Tiger, du fehlst mir so." Manchmal weine ich, manchmal nicht. Ich versuche mich den alltäglichen Dingen zu stellen. Das klappt noch nicht gut. Noch steht meine Welt still. Ich kann zwischendurch lachen. Christoph hat ein sehr gutes Gespür dafür, wie er mich zum Lachen bringen kann. Das tut gut. Es fühlt sich aber alles so anders an. Und wenn ich in den Spiegel schaue, erkenne ich die Frau auf der anderen Seite nicht wieder.

Ich brauche für alles noch ganz viel Zeit. Ich, Widder und Tigermama, ungeduldig und ehrgeizig, aufs Kämpfen programmiert. Davon bin ich gerade sehr weit entfernt. Manchmal hab ich den Gedanken „Jetzt bin ich der Patient".

Ich habe wieder lange geschlafen. Morgens dann in die Gänge zu kommen ist das Schwierigste vom ganzen Tag. Ich bin vom Frühaufsteher zum Morgenmuffel geworden. Kommunikation am Morgen mit mir ist echt schwierig im Moment; armer Christoph. Bei der morgendlichen Runde mit Ruby und Christoph lief mein Herz mal wieder über. Viele Ängste und Sorgen und dass der Tiger mir so fehlt, sprudeln dann einfach so aus mir heraus. Aber in der Natur bin ich im Moment echt gerne. Einfach durchatmen und alles rauslassen. Julius' Kitakinder haben ihm heute ganz viele Briefe in den Himmel geschickt: Sie haben sie an Heliumballons von der Terrasse der Kita aus in die Luft steigen lassen. Das war so schön!

Ich war heute zum ersten Mal ohne Julius in unserem Stamm-Discouter. Ohne Christoph hätte ich mich nicht getraut. Wir waren auch in der Spielzeugabteilung. Das war echt sehr schwer. So viele tolle Autos, die dem Tiger gefallen würden. Danach sind wir auch zu McDonald's gefahren. Heute war ich zum ersten Mal wieder dort, und wir haben dann auch etwas gegessen. Es hat sich sehr komisch angefühlt ohne meinen Tiger. Wie sich alles komisch und unnormal anfühlt ohne ihn.

Tag 438 + 13

Tigers letzte Reise

Es war ein warmer sonniger Tag, ohne eine einzige Wolke am Himmel. Gegen 9.00 Uhr morgens waren wir bereits am Friedhof, um den Tigergarten vorzubereiten. Als wir ankamen, gab es aber noch keine Erdaushebung für die Urne. Der Bestatter war stinkig, griff zum Handy und telefonierte erst mal eine Runde. In dieser Zeit schmückten Christoph, Daniel und ich die Kapelle. Ein großes Bild von Julius stand hinter der Urne. Um die Urne herum stand Julius großer THW-Lkw-Kran mit einem seiner Schnuller am Haken. Seine Lieblingsdrehleiter hatte den Leiterpark in Richtung Urne ausgefahren. Julius' Feuerwehrhelm und eines seiner Lieblingskäppis lagen jeweils auf einem Podest. Als das Loch im Tigergarten ausgehoben war, legten wir Julius' Schienen von der Holzeisenbahn um die Öffnung im Boden und stellten seine Lieblingszüge darauf. Die Waggons befüllte ich mit Erde.

Dann kamen Freunde und Verwandte. Jeder trug ein rotes Kleidungs-stück. Viele hatten rote Blumen oder Heliumballons dabei. Auch zahl-reiche meiner Kollegen waren gekommen. Julius bekam durch meine Kollegen in Uniform – Mark, Jens, Patrick und Ralf – eine Totenwache mit Fackeln an der Urne.

Wir hatten Julius' Verabschiedung ganz besonders auf ihn abge-stimmt. Den Text für seine Trauerkarten hatte ich selber geschrieben:

> *Ich,*
> *Julius Tiger ICE*
> *Mache mich jetzt auf meine letzte Reise.*
> *Ihr werdet mir so richtig richtig fehlen.*
> *Die Zeit mit Euch war sooo cool.*
> *Ihr findet mich in jedem Sonnenstrahl, jedem Löwenzahn,*
> *jeder Pusteblume und in allem, was Ihr*
> *sonst noch mit mir verbindet.*
> *Ich bin jeden Tag in Euren Herzen.*
> *Man ey!*

Für Julius' Verabschiedung hatten wir viel für ihn und alle Hinterblie-benen vorbereitet.

Abschied von Julius

1. Lied: „Der Berg (Intro)" von Unheilig. Dieses Lied hörte Julius in Papas Auto und war sofort begeistert, er wollte es danach im Auto nur noch hören und hupte bei jedem Pfiff der Lok lauthals mit.
2. „Halt mich" von Herbert Grönemeyer. Als Julius im Hospiz lag, hörte er dieses Lied oft mit seiner Mama und sang es passagenweise mit. Später konnte er es leider nur noch summen.
3. Ansprache durch den Feuerwehrchef René Schubert.
4. Doktor Till aus dem Hospiz trug seine eigens geschriebene Geschichte vor:

Ich nehme Sie mit auf die Reise mit dem ICE Julius Tiger.

Achtung Achtung.

Am Bahnhof Burgholz auf Gleis 105 fährt ein der ICE 1606 „Julius Tiger" in Richtung Lego City, mit Halt an den Fantaseen, den Pombärenbergen und an der Piccoliniallee. Bitte steigen Sie ein, die Türen schließen.

Sehr geehrte Fahrgäste, ein paar Hinweise, damit Sie eine entspannte Zugfahrt mit uns genießen können, der ICE ist mitunter launisch.

Bei Benutzung eines Tablets bitten wir Sie, tragen Sie Kopfhörer. Ansonsten könnte es zu einer Ermahnung wie „Sei still!" kommen. Wenn Sie der Aufforderung nicht schnell genug folgen, ziehen Sie vorsorglich den Kopf ein, es wird scharf mit Schnullern geschossen. Zudem wird es bei Fehlverhalten einen „Daumen runter" geben. Tiere, vor allem das Opossum, sind an Bord ausdrücklich erwünscht. Der ICE 1606 hat viele Fahrzeugfreunde, diese werden regelmäßig, man könnte sagen: täglich, eingeladen. Auch hier heißt es aufgepasst! „Ich habe dir doch gesagt, ich will das Rettungsflugzeug und den Rettungshelikopter, das Feuerwehrfahrzeug und den Feuerwehrhelikopter, den Post-Lkw, den Tank-Lkw, den Krankenwagen, 2, 3, 4 Porsche, die Brio-Eisenbahn, hast du verstanden!? Man ey." Weitere Regeln entnehmen Sie bitte dem Handbuch und befolgen Sie alle Regeln. Eine schöne Fahrt an Bord des ICE 1606.

Lisa hatte Folgendes vorbereitet:

Lieber Julius, deine Zugfahrt hat kein Ende, du fährst auf uns verborgenen Gleisen. Hab von dort einen wachsamen Blick auf deine Tigerteam-Partnerin, auf deinen Papa und auf Christoph und alle anderen. Viel Spaß auf deiner Fahrt. Danke, dass wir dich kennenlernen durften und danke, dass wir für eine Zeit deine Zugbegleiter sein durften. Es war uns wirklich ein Vergnügen. Du bist tief in unsere Herzen gefahren und hast dort einen festen Platz in unserem Lokschuppen. Du wirst uns fehlen und wir werden dich vermissen. Du wirst immer ein Teil von Burgholz sein.

Liebe Familie und liebe Freunde, im Namen aller kann ich nicht viel mehr sagen, als von ganzem Herzen: Danke! Danke für Ihr Vertrauen in unsere Arbeit. Danke für die vielen schönen Gespräche. Danke für die gemeinsame Zeit, es war für uns alle eine unglaublich prägende und intensive Zeit. Sie war schön, lustig, aufregend, aber auch traurig. Julius hat viel bewirkt, genauso wie Sie. Sie haben Eindruck hinterlassen mit Ihrer Art und Weise, die Situation zu nehmen wie sie ist, mit ihr zu leben und sie nach Ihren Regeln zu gestalten. Julius wird uns jetzt mit Sicherheit aus dem Führerstand zuschauen und seinen Fahrgästen erzählen: Schaut genau hin, sie haben mich zu dem gemacht, was ich bin, sie haben alles für mich getan, und ich bin unglaublich stolz auf sie, und das für immer. Wir wünschen Ihnen von Herzen Menschen an Ihrer Seite, mit denen Sie sich erinnern, weinen, aber auch wieder lachen können. Menschen, die stets ein offenes Ohr für Sie haben, die aber auch mit Ihnen gemeinsam schweigen können, wenn Ihnen danach ist. Wir möchten, dass Sie wissen, dass auch wir in Burgholz immer für Sie da sind, wenn Sie uns brauchen. Sie bleiben ein Teil von uns und Sie sind bei uns immer herzlich willkommen.

Darauf folgte völlig ungewöhnlich, aber trotzdem passend, ein großer Applaus.

1. Lied: „Life is a Highway" von Rascal Flats. Julius guckte sich dieses Lied aus dem Film „Cars" immer wieder auf Papas Tablet an.
2. Lied: „Believe" von Josh Groban. Julius' zweiter Lieblingsfilm war „Polarexpress", aus dem dieses Lied ist. Er schaute das Video dazu schon während der Chemos auf seinem Tablet und hörte es gerne, wenn Mama ihn morgens anzog und sie in den Tag starteten.
3. „Schlaflied" von den Prinzen. Mama sang dieses Lied Julius von Anfang an immer beim Schlafen gehen vor. Später sang er es dann auch selbst und manchmal auch seiner Mama vor.

Julius' Urne wurde danach durch ein Spalier aus Fackeln der Feuerwehr, begleitet von vielen tollen rot gekleideten Menschen, zum Tigergarten getragen. Am Erdloch angekommen gab es noch rotes Konfetti, rote Legosteine, rote Badeperlen und Maoams mit Himbeergeschmack, die neben der Urne ebenfalls ihren Platz fanden. Mehr als zwei Dutzend rote Heliumballons stiegen an diesem Tag in den Himmel. Es war eine mehr als würdige Verabschiedung. Danach gab es Kuchen, Pommes und Bratwurst bei der Feuerwehr. Alle erzählten sich Geschichten über den kleinen Tiger. Für die Kinder gab es eine Hüpfburg. Eine big **red** Party für einen kleinen großen tapferen Kämpfer. Dem Tiger hätte es gefallen.

Tag 438 + 14

Wir sind von gestern echt platt. Ich habe gestern mindestens 300 Menschen umarmt. Deshalb hab ich auch recht fest geschlafen. Aber ab 8.00 Uhr ging es nicht mehr. Zu viele Dinge wuseln noch durch meinen Kopf. Das hat aber alles irgendwie noch Zeit. Morgens spüre ich im Moment den Verlust von meinem Tiger immer am schlimmsten. Und so war es auch heute. Zudem fallen mir immer wieder Sachen von ihm in die Hand. Zur Ablenkung gab es dann eine Spiel- und Spazierrunde mit Ruby. Später waren wir einkaufen. Damit immer ein Licht für Julius brennt, kauften wir einige Kerzen für den Tigergarten. Und einen wetterfesten Tiger und ein kleines Windrad. Ich musste mich echt bremsen, sonst hätte ich den Garten heute schon mit Spielzeug vollgestellt. Ideen habe ich genug!

Einen Ort zu haben, zu dem man gehen kann, ist wichtig. Auch, wenn Julius im Herzen immer bei mir ist und er einen Platz auf seiner Kommode zu Hause hat, wo auch immer eine Kerze brennt und sein Spielzeug steht, ist sein Garten sehr wichtig. Dort kann jeder, der ihn kennt, ihn auch besuchen. Um den Schmerz zu verarbeiten, ist das, glaube ich, sehr wichtig.

So langsam geht es weiter. Es steht nicht mehr alles still in meiner Welt. So ganz langsam werde ich mich gewissen Dingen stellen. Und auch mal überlegen, was ich jetzt will. Was mir gut tut und was nicht, kann ich nicht leicht beantworten. Aber ich habe ja Zeit.

Tag 438 + 15

Wir waren gestern Abend noch in Burgholz und haben mit Jule auf den tapferen Tiger angestoßen. Ich hab ganz gut geschlafen, musste aber heute Morgen wieder mit meinem „Tigerblues" kämpfen. Wir haben dann Fotos von Burgholz angeschaut und sind danach wieder eine große Runde mit Ruby gelaufen. Dann wartete viel Papierkram auf mich. Rechnungen und anderer Mist. Aber einmal angefangen, klappte es ganz gut. Die Trauerpost wartet aber immer noch. Es sind extrem viele Briefe, und es werden täglich mehr.

Nächste Woche hab ich noch einige Termine. Julius' Sauerstoffgerät steht noch hier und muss zurück zu Medigroba. Ein Termin beim Bestatter und zwei weitere Termine in Burgholz. Langweilig wird mir also nicht. Es besteht nicht die Gefahr, dass ich zu Hause versacke.

Tag 438 + 16

Heute Morgen hatte ich einiges zu tun. Ich musste viel telefonieren – Rezepte, AU, Bestatter, Versicherung – und zum Arzt. Nach dem ganzen Gewusel bin ich dann zum Tigergarten. Ich hab mal wieder alles umgestellt, und der Tiger hat eine neue rote Blume bekommen. Danach bin ich wieder nach Burgholz gefahren. Ein paar Unterlagen mussten für eine Rechnung unterschrieben werden.

Wir waren dann noch mit Alma und Jule im Activeraum. Später wollen wir noch in meinen Stamm-Bastel-Kreativ-Laden Woozy. Julius bekommt noch einen Stern. Der wird beim Sommerfest am 29. Juni im Garten von Burgholz niedergelegt. Der Standard-Stern ist aus Holz. Den könnte man bemalen oder bekleben. Aber das reicht mir persönlich nicht. Julius' Stern soll etwas ganz Besonderes sein. Beton und Lego wird es wohl werden. Der Vorteil: Beton verrottet nicht und hält quasi ewig. Ich habe schon viele Ideen, auch für den Tigergarten. Im Moment fehlt dafür jedoch ein bisschen die Zeit, weil es noch einiges zu erledigen gibt. Aber auch, wenn mich der Tigerblues täglich überwältigt, komme ich soweit gut zurecht. Alles braucht einfach noch Zeit. Der Tiger ist immer bei mir.

Ab Ende Juni besuche ich eine Gruppe für verwaiste Eltern. Die Trauerbegleitung läuft ab Freitag. „Mami, gehst du in Ordnung?", hat der Tiger mich immer gefragt. „Ich gebe mein Bestes, versprochen, Tiger."

Tag 438 + 17

Heute Morgen hätte ich gerne noch länger geschlafen, aber wir hatten einen Termin in Julius' Kita. Julius ist immer noch überall und Teil seiner „blauen Gruppe". Die Kids haben Bilder gemalt, wir haben ein tolles Buch mit lieben netten Worten von vielen Eltern und eine Tiger-Spardose bekommen. Das ist so klasse. Die Kinder reden immer noch viel über Julius, und so soll und muss es auch sein.

Im Anschluss waren wir beim Bestatter, Julius' Spielzeug abholen. Das war echt eine Menge. Der gelbe Lego Post-Lkw, der für Julius am Ende so wichtig war, konnte leider nicht mit verbrannt werden. Dieser findet jetzt seinen Platz auf Julius' Kommode bei mir zu Hause.

Später waren wir wieder beim Tigergarten. Noch im Sonnenschein – später kam dann leider Regen – haben wir mal wieder etwas umgestellt. Der Zeppelin fliegt jetzt, und der Garten hat nun ganz viele Windrädchen. Wir wollen in den nächsten Tagen noch mal ein bisschen Rasen sähen. Mal schauen, ob das klappt.

Mein Tigerblues ist heute nicht sehr ausgeprägt. Ich bin heute aber auch gut beschäftigt und abgelenkt. Heute Abend schauen wir uns eine größere Kommode für den Tiger an. Damit alle Erinnerungen an ihn auch viel Platz haben.

438 + 18

Gestern waren wir in Wiehl bei Gummersbach. Der Tiger sollte eine größere Kommode für sein Spielzeug, Fotos und die immer brennende Kerze bekommen. Bei eBay Kleinanzeigen habe ich eine Kommode entdeckt und mich in sie verliebt: die oder keine! Ein bisschen weit zu fahren – aber egal. Für meinen Tiger ist kein Weg zu weit! Mit Christophs Anhänger war es über eine Stunde Fahrt in ein schönes idyllisches Städtchen nahe Gummersbach. Ein sehr nettes Pärchen und seine kleine Tochter empfingen uns. Das kleine Mädchen fragte mich: „Hast du auch ein Kind?" Ich antwortete: „Ja, ich hatte ein Kind." Natürlich habe ich dann vom Tiger erzählt und dass die Kommode für ihn und sein Spielzeug ist. „Wo ist dein Kind?", fragt mich das kleine Mädchen. „Mein Julius ist jetzt ein Engel."

Die Männer tragen gerade die Kommode ins Auto, da bekomme ich von dem kleinen Mädchen und der Mama etwas geschenkt: ein Glas mit einer Pusteblume. Die Mama sagt: „Wir lieben Pusteblumen, da kann man sich immer etwas wünschen." Ich habe mit keinem Wort erwähnt, wie sehr Julius Pusteblumen liebte und dass er an keiner vorbei gehen konnte. Mein Tattoo mit der Pusteblume war für die Familie auch nicht sichtbar. Das ist Schicksal, zumindest fühlt es sich so an: Diese Kommode war von Anfang an für uns bestimmt. Der Tiger hat uns geführt.

Gestern Abend habe ich die Kommode dann noch eingeölt, und heute Morgen habe ich sie dann bestückt. Genug Platz für die wichtigsten Sachen. Dem Tiger hätte es gefallen.

Später waren wir noch beim Tigergarten, um den neuen Rasen zu säen. Heute ist der 4. Jahrestag der Diagnose von Julius' Krebserkrankung: der 29. Mai 2019. Mir geht es trotz diesem „schlimmen" Jahrestag ganz gut. Der Tiger fehlt mir sehr. Ich bin aber heute auch sehr stolz auf diesen starken Kämpfer. Es muss und wird irgendwie weiter gehen!

Tag 438 + ...

Es sind über 100 Tage vergangen, seit mein Tiger seinen ICE bestiegen hat und seine letzte Reise angetreten ist. Über 100 Tage, seitdem ich ihn unendlich doll vermisse. Über 100 Tage, seitdem ich versuche, mein neues Leben zu führen und mein neues Ich zu begreifen. Nun sitze ich hier und schreibe ein Buch.

Viele Menschen fragen mich, wie ich das geschafft habe. Wie ich ohne Julius überhaupt ein Leben führen kann. Es ist mein Wille, im Namen von Julius weiter zu leben, viel mehr das Kämpfen darum. Ich kämpfe nicht nur gegen den unbeschreiblichen Schmerz, den Julius' Tod in meinem Herzen hinterlassen hat, sondern auch gegen zahlreiche körperliche Beschwerden. Ich kämpfe gegen den Tigerblues, gegen normale Alltagsprobleme, gegen bürokratische Dinge, aber auch gegen andere Menschen, die meinen, mir sagen zu müssen, wie ich mein Leben zu führen habe.

Mir ist wichtig, dass ich mit *meiner* Trauer so umgehen kann, wie *ich* das möchte. Meine Trauer gehört mir. Sie ist wichtig.

Eine Mutter, die selbst ein Kind verloren hatte, sagte einmal „Trauer ist Liebe, und wer viel geliebt hat, trauert auch viel". Und trauern heißt nicht nur zu weinen. Trauern heißt nicht nur, zu Hause zu sitzen und an die Decke zu starren – es sei denn, mir ist danach. Ich trauere so, wie ich das möchte, wie es mir gerade passt und tue, wonach mir gerade ist.

Manchmal brauche ich Zeit für mich alleine, um den Kopf frei zu bekommen. Ohne Menschen in der Stadt zu begegnen, die mich fragen, wie es mir geht oder die mich „besonders anschauen", weil sie mich vom Blog wiedererkennen.

Manchmal bin ich froh, wenn ich nicht alleine bin. Wenn Christoph da ist und mich halten kann. Wenn ich mit ihm über Julius reden kann. Über die Bilder, die mich immer wieder verfolgen und über Tag 438 und den letzten Moment. Nur Christoph kann mich in diesen Augenblicken auffangen und beruhigen. Er findet immer die richtigen Worte, und manchmal weinen wir ein bisschen zusammen. Und dann lachen wir wieder über Julius' Dickkopf, seine Papierkügelchen, die ich immer noch in der Wohnung finde, oder überlegen zusammen, was man noch für den Tigergarten basteln könnte.

Manchmal hilft das eine, manchmal eben das andere.

In den ersten Tagen wollte ich von der ganzen Trauerpost nichts sehen, am Ende hat sie mir dann aber geholfen, den Schmerz in mir zu ertragen und mir zu zeigen, was ich in bestimmten Momenten vergessen habe. Ich habe gelernt, dass ich meine Gefühle laut aussprechen muss: „Ich vermisse dich so, es tut mir so leid, dass ich dich nicht retten konnte." Musik tröstet mich oder bringt mich zum Weinen. Als ich das Lied „Vincent" von Sarah Connor hörte, traf mich die Textzeile „Mama, was soll ich jetzt machen, ich glaub ich muss sterben, was, wenn mein Herz zerbricht ..." besonders. Sie weckte ein starkes Gefühl der Verzweiflung, weil ich es unglaublich vermisse, dass jemand „Mama" zu mir sagt. Ich bin fast zusammengebrochen, habe mir das Lied trotzdem den ganzen Tag angehört. Auch das gehört dazu.

Genauso wie den Tränen freien Lauf zu lassen, wenn ich es will. Zu schreien, liegen zu bleiben, die Nacht wach zu bleiben, umzuräumen, loszulaufen.

Manchmal verursachen Bilder oder Erinnerungen einen solchen Druck in meiner Brust, dass ich kaum noch atmen kann. Dass auch ein Spaziergang oder ähnliches nicht hilft.

Noch schlimmer wird es, wenn mich unglaublich starke Schuldgefühle überwältigen. Ja, ich weiß, dass ich alles für den Tiger gegeben habe. Aber sie sind trotzdem da. Ich kämpfe immer wieder mit meinen Schuldgefühlen. Ich als Mama habe leider immer ein schlechtes Gewissen, obwohl ich an vielen Dingen nicht schuld bin. Aber Eltern wollen ihre Kinder einfach nur beschützen und behüten. Das habe ich bei Julius leider nicht geschafft.

Es ist noch zu früh, einige Gefühle und Ängste völlig loszulassen. Im Moment gehören sie einfach zu meinem Tigerblues dazu. Auch wenn ich ihn nicht retten konnte, haben wir viel Zeit geschenkt bekommen. Das sage ich mir immer und immer wieder. Auch wenn es andere, Außenstehende, nicht verstehen: Meine Schuldgefühle sind einfach da. Es hilft mir, in meiner Gruppe für verwaiste Eltern darüber zu reden, es macht das Ganze irgendwie leichter.

Gegen solche Panikattacken, die ganz plötzlich kommen, oder gegen die Schuldgefühle habe ich einen Weg gefunden, wie ich mir selbst helfen kann. Ich habe mir einen kleinen Spickzettel auf die Rückseite eines Fotos von Julius geschrieben, das ich immer dabei habe, damit ich weiß, was ich in diesen Momenten zu tun habe:

1. Du musst atmen: einatmen und ausatmen.
2. Dass es weh tut, ist völlig normal.
3. Du hast alles getan, damit es dem Tiger gut geht. Einfach ALLES bis zum Schluss.
4. Du wirst den Tiger immer lieben und niemals vergessen.
5. Der Tiger wird dich immer lieben und niemals vergessen.
6. Julius möchte, dass es dir gut geht. Atme ein, atme aus, steh auf

und schau nach vorne. Der Tiger ist immer in deinem Herzen. „Mama, du schaffst das, ich bin immer bei dir da!"

Wichtig ist mir, dass genau das akzeptiert wird. Dass akzeptiert wird, dass *ich* entscheide, wie ich mit der Trauer umgehe. Denn ehrlich gesagt finde ich es zum kotzen, wenn andere mir sagen, was ich in meiner Situation machen muss.

Natürlich gibt es trotzdem noch viele Momente, in denen ich kurz davor bin zusammenzubrechen. Aber ich habe Mittel und Wege gefunden, diese Momente zu besiegen. Mein kleiner Kämpfer hat mir beigebracht, wie das geht, nicht aufzugeben, sondern andere Wege zu finden. Den Mittelpunkt meines Lebens bildet immer noch Julius. Nur dass nicht mehr seine Krankheit dieses bestimmt, sondern ich selbst bzw. der Gedanke an Julius.

Ich verbringe viel Zeit mit Basteln und probiere viele verschiedene Techniken aus. Das macht mir Spaß, lenkt mich ab, und vor allem habe ich am Ende immer etwas in der Hand, das mich an Julius erinnert oder das ich für ihn gebastelt habe. Die vielen Ergebnisse stehen im Tigergarten, im Wohnzimmer, in Burgholz, am Strand ... und vielleicht bald überall auf der Welt. Viele Freunde und Bekannte nehmen einen gebastelten „Tigerstern" mit auf ihre Urlaubsreise. Sie finden im Urlaub einen tollen Platz, an dem sie den Tigerstern niederlegen. Das ist so unbeschreiblich toll. Am liebsten bastele ich im Tigerzimmer, das vorher sein Kinderzimmer war.

Ich zünde jeden Tag mindestens eine Kerze für Julius an. Ich gehe wieder joggen. Verbringe viel Zeit mit Ruby auf dem Feld. Schaue Julius' Lieblingsserien auf dem Tablet. Ich unternehme etwas mit Christoph, mit meinen Freunden und meiner Familie. Ich gestalte den Tigergarten immer wieder neu, je nachdem, welche Ideen mir so durch den Kopf schwirren.

Aber auch die Menschen in meinem Umfeld geben mir Kraft. Nicht nur die, die direkt an meiner Seite stehen, sondern auch die, die durch den Blog auf uns aufmerksam geworden sind. Anfangs schuf ich ihn, um alle Bekannten über Julius' Zustand und unsere Erlebnisse auf dem Laufenden zu halten. Ich führe ihn immer noch weiter, weil es mir hilft. Es hilft mir, meine Gedanken und Gefühle niederzuschreiben. Es hilft mir, mich an Julius zu erinnern, auch indem ich täglich ein neues Bild von ihm poste. Viele Bekannte und Freunde schicken mir ebenfalls Fotos, die sie noch von Julius haben. So sehe ich ihn oft auch mal aus einer anderen Perspektive und in anderen Momenten. Und es hilft mir zu wissen, dass ich anderen Menschen mit unserer Geschichte Mut mache oder sie auch daran erinnere, was es heißt, das Leben zu genießen und zu schätzen. Deswegen führe ich inzwischen auch ab und an einen Live-Stream bei Instagram, in dem ich Menschen die Möglichkeit gebe, mir Fragen zu stellen. Vanessa von Einzig-art-Ich hat mich dazu inspiriert. Für ihr Projekt habe ich das Thema „Tod und Trauer" betreut. Die Resonanz war riesig, und ich habe an diesem Tag mit vielen Menschen geschrieben und gesprochen, die auch liebe Menschen verloren haben. Der Schmerz ist bei allen der gleiche, aber jeder geht damit natürlich anders um.

In diesem Trauerchaos und Tigerblues irgendwie einen Weg zu finden und nach vorne zu schauen, auf mich zu hören und den Tiger immer im Herzen dabei zu haben, hat aber nur ein Mensch geschafft mir beizubringen: die liebe Lisa aus Burgholz. Wir haben schon mit dem Tiger zusammen gelacht, Briefe an seine Freunde geschrieben. „Lisa, ich hab dich lieb und du bist auch mein Freund", hatte Julius einst zu ihr gesagt. Als Julius dann im Verabschiedungsraum lag, hat sie ihm jeden Tag Astrid Lindgrens „Karlsson vom Dach" vorgelesen. Ihr verdanke ich auch eine meiner ganz besonderen, sehr emotionalen und letzten Begegnungen mit meinem Tiger. Dass ich ihn ein letztes Mal halten und auf den Schoß nehmen, streicheln und fühlen konnte. Jetzt hilft sie mir als Trauerbegleiterin, viele Dinge zu verarbeiten. Sie hat mich auch ermutigt, alle schönen Momente und Erinnerungen in ein Glas zu packen. Damit ich etwas habe, was ich öffnen kann, wenn es mir schlecht geht. Zusätzlich finde ich Halt in der Gruppe für verwaiste Eltern. Es hilft mir zu wissen, dass ich nicht die Einzige bin, die solch einen Verlust erlitten hat und so einen Schmerz aushalten muss. Natürlich besuche ich auch weiterhin meine Therapeutin. Einen solchen Verlust zu verkraften oder zu verarbeiten geht nicht ohne professionelle Hilfe.

Noch wichtiger sind meine Freunde, meine Familie und vor allem Christoph. Es ist schön, wenn ich auf mein Patenkind aufpassen kann. Er erinnert mich oft an meinen Tiger. Ich habe Ausflüge und Urlaube gewagt – die ersten ohne Julius. Ich war mit Christoph am Nürburgring und in Österreich. Mit meiner Schwester und ihrer Familie war ich auf Mallorca, wo ich Tigersterne am Strand und an einer steinigen Klippe versteckte.

Ich verbringe auch wieder mehr Zeit mit meiner zweiten Familie, der Feuerwehrfamilie. Sie haben uns so toll unterstützt und waren immer für uns da. Und auch jetzt geben sie mir Halt.

Doch der Mensch, der mir am meisten Kraft schenkt, die meisten Tränen, aber auch das größte Lächeln in mein Gesicht zaubert, ist und bleibt mein kleiner Tiger. Wenn ich ihn im Tigergarten besuche, ihm in Form einer Pusteblume oder Sonnenstrahlen begegne, vor seiner Kommode stehe und an ihn denke oder ein Foto betrachte, rede ich mit ihm, lache mit ihm, aber weine auch ganz oft mit ihm. Ich stoße auf ihn an – mit Fanta oder Cola – oder bringe ihm Pombären oder Legoautos vom Einkaufen mit.

An Julius' Geburtstag habe ich eine Postkarte mit roten Heliumballons in den Himmel steigen lassen und den Tag mit meiner Familie rotgekleidet im Phantasialand verbracht. Es gab für alle Eis und rote Schokomuffins. Wir haben das gemacht, was ihm gefallen hätte.

Ich genieße Capri-Sun Kirsche mit dem Tiger im Herzen. Meine Tätowierung am rechten Unterarm mit meinen Spruch für ihn „Be-

dingungslos, nur mit dir und nur für dich" habe ich nach seinem Reiseantritt erweitert: ein ICE und ein Bild vom Tiger, mit sieben roten
Ballons in der Hand, werden mich immer daran erinnern, wie außer-
gewöhnlich Julius war.

Ich trage gerne rote Kleidung, ganz bewusst. Es verirren sich auch
immer mehr rote Dekoarktikel in meine Wohnung, und wenn ich etwas Neues bastele, ist es meistens rot. „Mama, Rot ist doch meine
Lieblingsfarbe", hat der Tiger so oft zu mir gesagt.

Es macht mir viel Freude, Dinge zu tun, die er mochte. Denn ich
weiß, das hätte ihn glücklich gemacht. Und wenn das eigene Kind
glücklich ist, kann eine Mama nicht unglücklich sein.

Julius ist zwar nicht mehr hier, aber trotzdem ist er immer bei mir!

Endgegner

Ich bin nicht mehr ich. Die Kämpferin, die alle Hürden bewältigen will, die Zielstrebige, die immer einen Weg findet, die Dickköpfige, die – komme was wolle – einfach Vollgas gibt. Ich bin müde und oft unendlich traurig. Es tut einfach so weh und ich fühl mich so alleine ohne meinen Tiger. Mein allerbester Freund ist nicht mehr da. Er hält nie mehr meine Hand. Ich vermisse ihn jeden Tag. Und es gibt Tage, da tut es besonders weh. Ich suche noch so irgendwie meinen Platz in diesem Leben. Es gibt Tage, an denen ich zweifele, dass ich diesen jemals finde, so ohne Julius. An diesen Tagen stelle ich alles in Frage. Einfach alles. Melissa, willst du das so, kannst du das so, wie geht es weiter, willst du überhaupt noch weiter?! Immer die gleichen Fragen. Die letzten vier Jahre waren für mich sehr anstrengend. Eine Achterbahn der Gefühle und Emotionen, immer wieder hoffen und bangen, immer wieder kämpfen und eine Angst, die einen jeden Tag begleitet. Ich wollte immer das Beste aus dieser Situation machen. Habe versucht, das Beste für Julius herauszuholen. Er sollte alles bekommen, auch wenn ich dafür oft Kritik einstecken musste. Es gab immer Menschen, die meinten, mir ihre Ansichten darüber mitzuteilen.

Für meinen Tiger etwas durchzusetzen, zu erreichen und Dinge zu erkämpfen, war ganz leicht. Bis zum Schluss, an diesem Tag 438. An diesem Tag hat er etwas ganz Entscheidendes für mich getan. Er hat mich von meiner ständigen Angst erlöst. Julius hat den Kampf gegen den Krebs nicht verloren. Julius hat beschlossen loszulassen, weil es mir am Ende nach dieser langen Zeit so unendlich weh tat, ihm beim Kämpfen zu zuschauen. Ich habe das kaum noch verkraftet. Nach der ganzen harten Zeit war mein Akku leer. Viel mehr als das. Mein Herz war schwer traumatisiert, und am Ende stand diese Angst, die mich kaum noch atmen ließ. Und dann war der Moment da. Julius hat meine Angst verschwinden lassen. Zurück blieb ganz viel Liebe und damit verbunden eine tiefe Trauer. Ich wusste, dass es sehr schwer wird. Auch wenn ich mich auf vieles vorbereiten konnte, das überstieg einfach alles und war kaum in Worte zu fassen.

Ich bin ein Mensch, der nach vorne schaut, kämpft, motiviert und niemals kampflos aufgibt. Aber mein Kind war jetzt nicht mehr bei mir. Ich war so müde, so leer und hatte auf nichts wirklich Lust. Am liebsten hätte ich mich versteckt oder wäre davongelaufen. Ich wollte niemanden sehen, niemanden hören und mit niemandem sprechen. Ich hatte aber immer wieder diese Stimme in meinem Kopf, die sagte, Julius würde das nicht wollen, „Mami, gehst du in Ordnung?", würde Julius fragen. Nein, ich war gar nicht in Ordnung. Ich wollte schreien und Dinge kaputt machen, weil ich so traurig und wütend war. Ja, ich wusste, dass dieser Tag kommt. Ja wir haben alles getan, was ging. Aber nun war Julius endgültig weg. Ich war so voller Schuldgefühle, weil ich ihn nicht retten konnte. Keiner verstand das. Wieso sollte ich Schuldgefühle haben, wo wir doch alles gegeben hatten? Wo wir doch für seine Gesundheit und für ganz viel Spaß in seinem Leben gekämpft haben? Aber sie waren da und machten es mir verdammt schwer. Ich stand oft am Tigergarten, tränenüberströmt und entschuldigte mich. „Es tut mir so unendlich leid, dass ich dich nicht retten konnte, ich muss mich jetzt selber retten. Und ich hab keine Ahnung wie das geht, so ohne dich." Ich musste diese Sätze laut aussprechen.

Schon als der Krebs in unser Leben trat, wusste ich, dass das Ganze unser Leben verändern würde und musste. Das, was wir erlebt hatten, was mein Sohn durchgemacht hatte, das konnte nicht ohne Folgen für unsere bzw. jetzt meine Zukunft bleiben. So viele Bilder in meinem Kopf, so viele schreckliche und auch schöne Erinnerungen. Immer wieder Verhandlungen mit Ärzten, Behörden, Gespräche mit Freunden, Kollegen.

Was passiert, wenn das Schicksal an deine Türe klopft? Es ändert sich einfach alles, und es bleibt natürlich nicht ohne Folgen für das weitere Leben. Ich bin ein anderer Mensch. Eigentlich bin ich, Melissa, am 11. Mai 2019 ebenfalls gestorben. Ich kann nie wieder so sein, wie ich mal war. Wie soll das auch gehen? Es ist ein anderer Mensch zurückgeblieben. Eine Person, die ich erst kennenlernen muss. Sie ist immer noch sehr charakterstark, weiß genau, was sie will. Sie hört auf ihr Herz und auf ihren Bauch. Sie ist in vielen Dingen sehr entspannt und kann auch Kleinigkeiten sehr gut genießen, macht nur wenig Pläne. Und auch wenn sie Pläne macht und diese nicht klappen, ist das völlig in Ordnung. Die Erfahrungen, die sie in den letzten Jahren gesammelt hat, und Dinge, die sie erlebt hat, haben sie geprägt, und sie kämpft täglich mit vielen Bildern und Gefühlen aus dieser Zeit. Aber sie teilt ihre Erlebnisse mit anderen, auch damit diese davon profitieren. Sie möchte anderen Menschen Mut machen, auch auf ihren Bauch zu hören und ihnen Kraft geben.

„Melissa, du hast so viel erlebt und hast mit Julius so viel durchgemacht. Du hast anderen Menschen so viel voraus. Das müssen andere erst mal erleben, bevor sie mit dir mithalten können. Melissa, du bist ein Endgegner", sagte Christoph eines Tages zu mir. Ich denke, dass er damit Recht hat.

„Du wurdest grausam geerdet. Bist im wahren Leben angekommen. Von dir können sich viele eine dicke Scheibe abschneiden, und du musstest dafür den mit Abstand höchsten Preis zahlen. Du hast das Allerschlimmste erlebt und warst ganz unten. Ab jetzt geht dein Weg nur noch nach oben", sagte Rossi, ein Freund, zu mir. Und ich glaube, dass auch er Recht hat. Zumindest hoffe ich das und arbeite darauf hin.

Ich möchte meine Erfahrungen und mein Schicksal teilen. Jeder trägt sein Päckchen. Manche sind schwerer als andere, aber jeder hat mit seinem eigenen zu kämpfen. Ich mag so etwas niemals bewerten, welches Päckchen schwerer und welches leichter ist. Das spielt gar keine Rolle. Wenn es um unsere liebsten Menschen geht, ist jedes Schicksal schwer und stellt eine Herausforderung dar. Seid mutig, stellt die Fragen, die ihr stellen wollt, hört auf euer Herz und auch auf euren Bauch. Was sich für euch gut anfühlt, kann nicht falsch sein und für eure Herzensmenschen auch nicht. Und auch, wenn es klischeehaft klingt: Es sind die kleinen Dinge im Leben, die einen glücklich machen. Geld ist nicht alles. Ein Tag im Sonnenschein oder mit der Familie ist gut fürs Herz und somit auch für die Gesundheit. Manchmal macht es Sinn, sich für das Leben zu entscheiden, auch wenn man weiß, dass dieses Leben leider begrenzt ist.

Es gibt immer mehrere Wege, wir müssen nur mutig genug sein, uns immer wieder neu zu entscheiden. Jeder Tag bekommt seine Chance.

Auch wenn es oft richtig weh tut, Aufgeben ist für mich niemals eine Option. Ich bin die Frau mit den roten Schuhen, die in der Sonne stehen bleibt und jedem ICE, jedem Flugzeug und jedem Zeppelin winkt. Die jeden Sonnenstrahl genießt und jedem Löwenzahn und jeder Pusteblume ein Lächeln schenkt. Die Rot sieht und es so unglaublich toll findet. Und die so dankbar ist für eine unglaubliche Zeit mit einem außergewöhnlichen, kleinen, tapferen Menschen. Ich bin die Tigermama und ein Endgegner.

Unsere Zukunft bleibt spannend!

Danke

Unser gemeinsames Leben niederzuschreiben, war hoch emotional: voller Tränen, lustiger und herzergreifender Momente. Ich habe dafür 82 Tage gebraucht.

Als Katrin mich von dieser Idee „ein Buch" zu schreiben überzeugt hatte, waren mein Kopf, mein Herz und meine Hand nicht mehr zu stoppen. **Danke, Katrin Schmidt**, dass du mich überzeugt hast, unsere Geschichte aufzuschreiben. Auch wenn ich wusste, dass es mein Herz auf das härteste berührt und mitnimmt. Danke, dass du mit deiner mitreißenden Art den Klartext Verlag in Rekordzeit von diesem Projekt überzeugt hast.

Danke der besten Familie auf der Erde. Wir alle waren traumatisiert, geschockt, traurig und voller Angst. Aber wir haben alle immer zusammengehalten. Meine großartige und tolle Familie war zu jeder Tages- und Nachtzeit für uns da. Krankenhausfahrten, Verpflegungsbesuche, Putzdienste, Tigersitting, Hunderunden, Aufmunterungstelefonate und so viele weitere tolle Dinge, für die dieses Buch niemals ausreichen wird. Bis zum Schluss war das genetisch/emotionale Scholten/Bohsmann/Fischer/Bold/Beimel-Familiennetzwerk mein großer Halt. Ich bin euch aus tiefstem Herzen dankbar.

Danke an meine zweite Familie, die Feuerwehr. Auch wenn wir „nur" beruflich verwandt sind, so haben meine Kollegen und Kammeraden doch in Vielem dazu beigetragen, dass ich immer wieder Mut und Kraft gefunden habe zu kämpfen und nach vorne zu schauen. Julius war immer Teil der 2. Wachabteilung und ein festes Mitglied des Löschzugs Hösel. Mit Sicherheit wäre er ein Feuerwehrmann geworden. Familie Feuerwehr ist etwas ganz besonderes. Das habe ich immer gewusst und in den letzten Jahren auch deutlich gespürt. In ewiger Dankbarkeit, verneige ich mich vor euch: Feuerwehr Ratingen, LZ Hösel und meine 2. Wachabteilung „La Familia". Einem Menschen aus diesem Haufen, der dienstlich und privat für uns/mich immer erreichbar war und noch ist, möchte ich besonders danken. Einem, der alles Menschenmögliche getan hat, wenn bei mir organisatorisch mal wieder gar nichts funktionieren wollte und die Bürokratie mir fast den Verstand geraubt hat. Der auch sportliche Höchstleistungen vollbrachte, um für das Tigerteam Pokale zu erkämpfen: **Danke Thomas Tremmel**, auch für dein letztes ICE-Geleit.

Danke einem großartigen Kindergarten! Danke, dass Julius immer ein Teil der „blauen Gruppe" war und ist. Zu jeder Zeit waren wir willkommen, mit und ohne Haare, zu Fuß oder mit Rolli, mit und ohne Tränen. Wir haben viel gelacht und schöne Erinnerungen gesammelt. Danke für eure zahlreichen Bilder, Briefe, Luftballons, Motivationen und für eine tolle letzte rote Party.

Danke Töpfertruppe. Für eure kreativen Ideen, eure Unterstützung und dafür, dass der Tiger zwischen euch so matschen und basteln durfte, wie er das wollte.

Danke Rogos(zynskis). Fürs zusammen Spielen, Feiern, Lachen, Blödeln, Toben und Erinnern. An Emily, dass sie Julius immer eine so tolle und liebevolle beste Freundin war und immer noch ist.

Danke den besten Nachbarn ever. Fürs Bekochen, Handwerker Reinlassen, Blumengießen, Post Reinholen, Weintrinken, Hund Gassiführen, Einkaufen und sooooo vieles mehr.

Danke Dirk Frohnert für tolle Fotoshootings und unvergessliche Momente und Erinnerungen.

Danke Vanessa Schäfer, dass du *Einzig-art-Ich* geschaffen hast und wir ein Teil davon sind.

Danke Daniela Bamberger von der WDR Lokalzeit Bergisches Land. Durch deine Beiträge kann ich Julius immer wieder sehr intensiv in meinem Herzen spüren.

Danke an Nadine Kalveram, die mich auf diesem emotionalen Weg beim Tigerbuch schreiben sehr eng begleitet und mich immer und immer wieder auf die besonderen Eigenschaften des Tigerteams aufmerksam gemacht hat und die hochschwanger viele meiner schlimmen Erinnerungen gelesen und mich trotzdem bis zu Fertigstellung von „JuliusTigerHerz" begleitet hat.

Danke Burgholz. Niemals hätte ich geahnt, dass ein Hospiz einen großen Platz in meinem Herzen einnehmen würde. Aber Sie haben ihn mehr als verdient. „Perfect Place Burgholz" triff es auf den Kopf. Unsere Zeit dort mit allen „Doktoren", Küchenfeen, Ehrenamtlichen, dem Familienteam, Bastel- und Freizeitgestaltern wird immer ein Teil meines bzw. unseres Herzens (Hr. Müller natürlich auch) bleiben.

Ein besonderes Danke geht an Lisa: fürs Vorlesen, Zuhören, Verstehen, Erinnern, Lachen und neu Orientieren. Durch Sie habe ich meine Bestimmung im neuen Leben gefunden.

Danke Nora. Für wichtige und herzergreifende Worte und einen besonderen, außergewöhnlichen und sehr emotionalen letzten Moment. Ein Abschied, der uns für immer verbindet. Bitte gib niemals auf, so viel Freude und Herzblut an deinem Job zu haben.

Danke an die Uniklinik Essen: K1, K3, K5, K7, KMT3, die Kinderambulanz mit allen fleißigen Helfern. An das Palliativteam mit **Frau Dr. Wieland** und **Herrn Dr. Pentek:** Danke dafür, dass der Tiger von Ihnen immer ernst genommen wurde.

Danke Frau Rhein, dass Sie immer den Überblick über allen wichtigen Papiere und Unterlagen hatten und mir so zahlreiche Behördengänge und Telefonate abgenommen haben.

Danke Wiggi für eine Homepage, die einem Tigerteam würdig ist.

Danke Philip und Felix, dass ihr dem Tiger eine Zeit lang tolle und liebevolle Brüder wart.

Danke KLEINER Rechtsanwalt, Alexander Späth. Für unsere sichere Marke und dass uns diesbezüglich viele Türen offen stehen. **Danke Hr. Engel vom Bestattungsinstitut Huben** für eine emotionale rote letzte Reise. Eine so besondere hat unsere kleine Stadt noch nie gesehen oder gefeiert.

Danke Christoph. Obwohl wir uns schon 15 Jahre kennen, bist du ungeplant zum Tigerteam gestolpert. Hast mich quasi überrumpelt, aber uns in jeglicher Situation unterstützt. Wir haben uns gefunden in einer sehr schwierigen Zeit. Aber wir waren sofort ein Team und sind es bis heute (der Tiger hat das gespürt). Nichts ist wirklich leicht in meinem/ unserem neuen Leben, aber zusammen werden wir es schaffen. Der Tiger ist in unseren Herzen immer mit dabei. Danke, dass ich bei dir immer ICH selber sein kann und darf. Unsere Zukunft bleibt spannend.

Dass es am Ende so gekommen ist, dazu haben viele Menschen beigetragen. Auch viele, die ich hier leider nicht alle namentlich erwähnen kann. Über unseren Blog hatten wir viele Begleiter. Viele Kontakte sind entstanden, sogar innige Freundschaften.

Danke für ... viele tolle, liebe und aufmunternde Mails, Nachrichten, Bilder, Briefe und soooooooooooooo viele tolle Päckchen. Es war und ist ein beruhigendes Gefühl, in schweren und traurigen Zeiten nicht alleine zu sein.

Dieses Buch ist für alle Hinterbliebenen!

Endgegner Ende ;-)

Nachwort

Psychologischer Wegweiser: Gefangen im Emotionsdschungel

Das Leben ist nicht fair! Wir werden geboren, um zu sterben, und in der Zeit dazwischen streben wir nach Glück und Erfolg, müssen dabei meist in Vorlage gehen, mit ungewissem Ausgang, ob unsere Bemühungen jemals belohnt werden.

Gegen viele Eventualitäten des Lebens können wir uns versichern, zumindest, was die finanziellen Aspekte geht: Krankheit, Arbeitslosigkeit, Blitzeinschlag usw.

Allem, was sich nicht versichern lässt, begegnen wir gerne mit Optimismus („wird schon nichts passieren") oder Verdrängung („die wirklich schlimmen Dinge passieren den Anderen").

Laut dem deutschen Krebsforschungszentrum erkrankt mindestens jede/r Dritte im Laufe seines Lebens an Krebs (wenn man alle Krebsarten zusammenrechnet)! Die Wahrscheinlichkeit, selbst an Krebs zu erkranken oder dass ein Mitglied der eigenen Familie an Krebs erkrankt, ist somit relativ hoch. Dennoch schieben wir diesen Gedanken ganz weit weg. Sind wir dann selbst direkt oder indirekt von der Diagnose betroffen, trifft sie uns immer unvorbereitet.

Für Katastrophen gibt es einfach keinen richtigen Zeitpunkt und auch keine Vorbereitung und genau *das* ist Krebs: zunächst einmal eine Totalkatastrophe, die uns den Boden unter den Füßen wegzieht und erst einmal alles ändert. Unseren Blick auf unser Leben, aber auch unseren Blick auf das Leben der anderen, unser Gefühl für Gerechtigkeit und unser Verhältnis zu Gott.

Falls Sie selbst schon an Krebs erkrankt sind, werden Sie sich sicher noch an den Moment erinnern, an dem Ihnen die Diagnose mitgeteilt wurde. An den Moment, in dem das Wort „Krebs" ausgesprochen wurde – *wenn* es ausgesprochen wurde.

Irgendwann danach beginnt dann häufig ein Prozess, der „wie im Nebel", oder „wie im Film" wahrgenommen wird. Es ist die Phase der totalen Überforderung, des „nicht wahr haben Wollens" und des „nicht Verstehens", oft gefolgt von einer Phase des Zorns („Warum ich? oder: Warum gerade wir?"), „Warum ist der Kettenraucher Helmut Schmidt 96 Jahre alt geworden und *ich* bekomme Krebs?"

Es ist die Phase, in der aus einem objektiv gesunden Menschen von einem zum anderen Moment eine potentiell todkranke Person wird. Entindividualisiert, als Zahl in einer Statistik.

Und in dieser Phase sind Sie dann gefragt, eine der wichtigsten Entscheidungen ihres Lebens zu treffen: „Was tue ich jetzt?"

Die Ärzte empfehlen vielleicht eine Operation mit anschließender oder sogar bereits vorausgehender Chemotherapie. Andere „Experten" empfehlen vielleicht genau das Gegenteil, denn Chemotherapie ist ja selbst krebserregend und zerstört ja auch nur den Tumor, also die Geschwulst, heilt aber den Krebs nicht. Ist das denn nicht das Gleiche?

Und spätestens *jetzt* sind Sie völlig gefangen im Emotionsdschungel. Plötzlich sehen Sie weder den Himmel noch den Boden unter Ihren Füßen. Sind umgeben von Mammutbäumen, Lianen, unbekannter Flora und Fauna. Sie befinden sich auf absolut unbekanntem Terrain und wissen erst einmal nicht, wie Sie da wieder rauskommen sollen.

Einige Dschungelbewohner bieten Ihnen Ihre Hilfe an, aber auf wen sollen Sie hören? Auf die Eingeborenen, die Missionare oder die Affen? Sie alle meinen es wirklich ehrlich mit Ihnen, wollen Ihnen helfen. Aber *wer* kann Ihnen auf dem Weg durch den Dschungel *wirklich* helfen? Denn auch wenn jeder Experte *seines* Gebietes ist und es wirklich ehrlich mit Ihnen meint, so kennt jeder Experte doch auch nur *seinen* eigenen Blickwinkel. Die Ureinwohner ihre seit Jahrhunderten überlieferten Traditionen und Erfahrungen, die Missionare den religiösen Aspekt und die Affen ...?

Wem soll ich mich anvertrauen? Auf wen soll ich hören? Mit wem darüber reden? Soll ich meine Erkrankung publik machen, ist es wichtig darüber zu sprechen? Was ist, wenn ich es lieber für mich behalten will, weil ich nicht von jedem bemitleidet oder darauf angesprochen werden will? Was mache ich, wenn ich selbst keine Therapie machen möchte, meine Familie aber darauf drängt? Was ist, wenn ich sterbe?

Wir stehen unter Stress und Stress verändert unsere Wahrnehmung, unser Zeitempfinden, unsere Risikobewertung. Zu viel Stress hat viele negative Auswirkungen, Stress kann uns sogar lähmen, wie das Kaninchen vor der Schlange.

Etwa ein Drittel der an Krebs erkrankten Menschen entwickeln als Folge der anhaltenden, körperlichen und psychischen Belastung im Laufe ihrer Krebserkrankung eine psychiatrische Diagnose. Depressionen, Angststörungen oder posttraumatische Belastungsstörungen sind dabei die häufigsten.

Überleben im Emotionsdschungel

Aber wie kommen Sie nun raus aus dem Gefühls- und Überforderungsdschungel?

Wichtig ist, dass Sie *Ihren eigenen Weg* gehen. Es gibt kein richtig und kein falsch. Orientieren Sie sich nicht an dem, was andere gemacht haben oder machen würden. Was ein Mensch theoretisch machen würde, wenn er Krebs hätte, unterscheidet sich durchaus von dem, was er tut, wenn er tatsächlich an Krebs erkrankt ist!

Gehen Sie Ihren eigenen Weg, denn egal, wie Sie sich entscheiden, die Konsequenzen werden in erster Linie Sie tragen, mehr als alle anderen.

Auch wenn Sie das Gefühl haben, im Dschungel zu stehen und den Wald vor lauter Bäumen nicht zu sehen, sind Sie nicht alleine. Besinnen Sie sich auf Ihre Fähigkeiten: Was hat Ihnen in der Vergangenheit bei anderen Krisen geholfen? Wer oder was hat Sie emotional unterstützt? Versuchen Sie auch die *schönen* Dinge wahrzunehmen, nicht nur die Gefahren. Denn nur wenn Sie ihre Reserven auftanken, die körperlichen und die seelischen, erhöht sich Ihre Wahrscheinlichkeit, die nächsten Kilometer gut zu überstehen (Psychologen nennen das „positive Verstärker"). Loben Sie sich selbst für jeden Abschnitt, den Sie geschafft haben.

Sie müssen nicht alle Entscheidungen auf einmal treffen, sich nicht für alles festlegen; das können Sie auch gar nicht. Auf Ihrem Weg *durch* und hoffentlich auch *aus* dem Dschungel, ist es primär wichtig, die nächsten Schritte zu entscheiden. Schauen Sie genau hin.

Sie werden auf Ihrem Weg durch den Dschungel neue Erfahrungen machen und diese werden Sie verändern, für immer! Passen Sie Ihren Weg an, denn es ist völlig okay, dass etwas, das Ihnen heute noch total wichtig erscheint, morgen völlig trivial ist.

Sie werden die Erfahrung machen, dass einige Personen im Dschungel zurück bleiben, vielleicht einfach verschwinden. Dafür werden andere auftauchen. Menschen, die Sie einfach begleiten, die keine Experten sind, sondern einfach *da* sind. Menschen die *mit* Ihnen gehen, vielleicht Ihre Hand halten oder sogar mal den schweren Rucksack ein Stück für Sie tragen. Menschen, die Sie nicht kritisieren, wenn Sie feststellen, dass Sie im Kreis gegangen sind. Menschen, die Sie nicht unter Druck setzen, sondern einfach nur da sind und Sie auf Ihrem Weg begleiten, Ihnen Mut zu sprechen und Sie unterstützen.

Auf Ihrem Weg durch den Emotionsdschungel werden Sie zwangsläufig bescheiden werden und Sie werden lernen loszulassen. Hoffnung wird der Motor Ihres Antriebs sein, und „Hoffnung ist nicht die Überzeugung, dass etwas gut ausgeht, sondern die Gewissheit, dass es Sinn hat, egal wie es ausgeht" (Vaclav Havel).

Rebekka Bohsmann, Psychotherapeutin & Psychoonkologin

Anhang

Der Blog, auf dem dieses Buch zum Teil basiert, ist inzwischen in die Homepage aufgegangen: **www.JuliusTigerHerz.de**

Informationen zu den im Buch genannten Organisationen und Stellen gibt es hier:

www.bike4kids.de

www.bohsmann.de

www.einzig-art-ich.org

www.feuerwehr-ratingen.de

www.kinderhospiz-burgholz.de

www.strahlemaennchen.de

www.uniklinikum-essen.de

www.wuenschewagen.de